ITINÉRAIRES

A TRAVERS L'ASIE

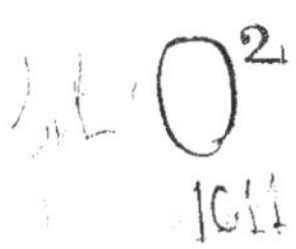

MARCEL MONNIER

ITINÉRAIRES
A TRAVERS L'ASIE

LEVÉS AU COURS DU VOYAGE
ACCOMPLI DURANT LES ANNÉES 1895, 1896, 1897, 1898
SUR L'INITIATIVE ET POUR LE COMPTE DU JOURNAL *LE TEMPS*

PUBLIÉS SOUS LE PATRONAGE DE

LA SOCIÉTÉ DE GÉOGRAPHIE

AVEC LE CONCOURS

DU MINISTÈRE DE L'INSTRUCTION PUBLIQUE ET DES BEAUX-ARTS

PARIS

LIBRAIRIE PLON

PLON-NOURRIT ET Cⁱᵉ, IMPRIMEURS-ÉDITEURS

RUE GARANCIÈRE, 8

Tous droits réservés

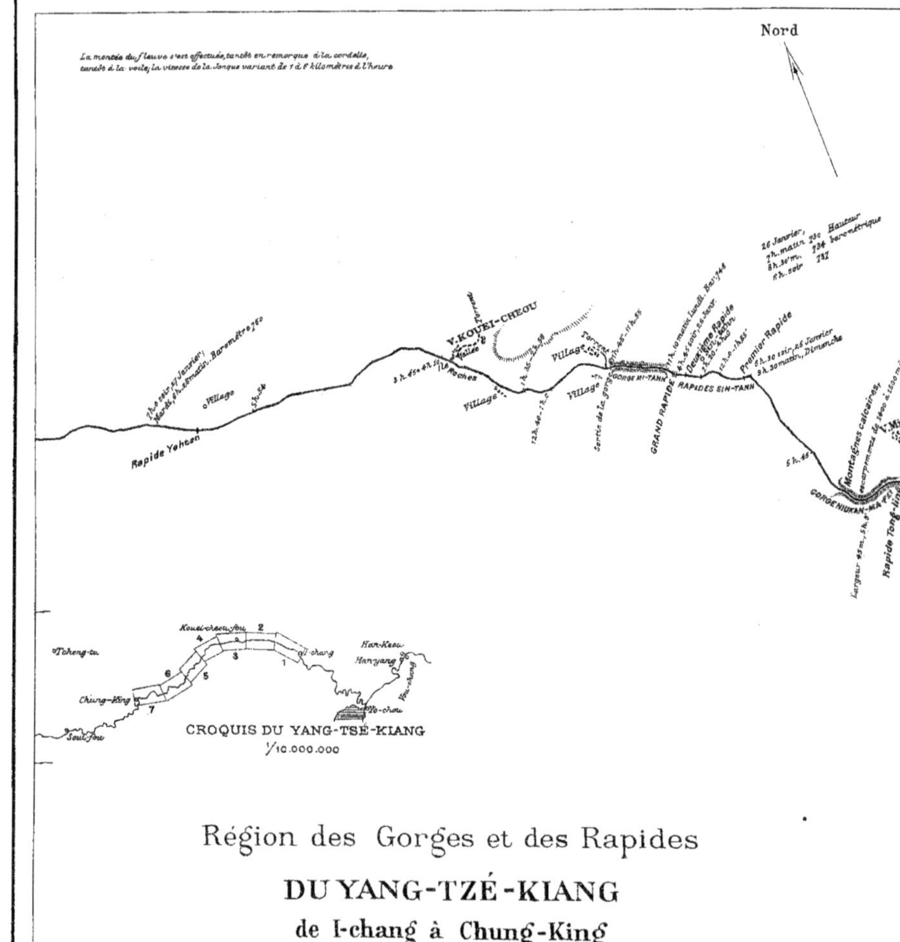

Région des Gorges et des Rapides

DU YANG-TZÉ-KIANG

de I-chang à Chung-King

Relevée par **Marcel Monnier**, correspondant du "Temps"

22 Janvier — 18 Février 1896

Le Lever a été exécuté directement à l'échelle de 1/48,760 sur la boussole tournante J.Hansen

Echelle = 1/150.000

1000 m. 0 1 2 3 4 5 6 7 8 9 10
Kilomètres

5 4 3 2 1 0 5 10 15 20
Lis = 556 m.56

1 1/2 1/4 0 1 2 3 4 5 6 7 8
Milles = 1609 m.

Dressé par J. Hansen, Paris 1897

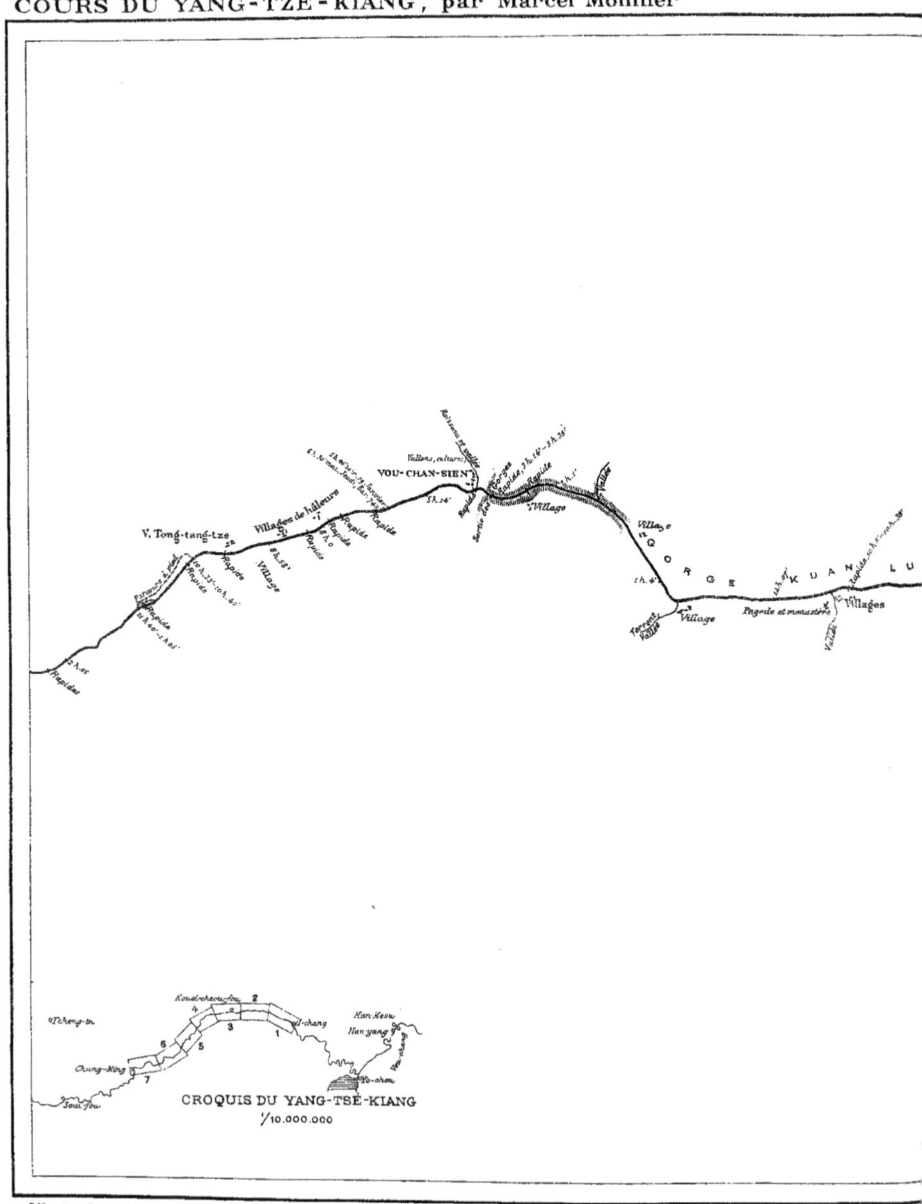
VOU-CHAN-SIEN
Vallons, cultures
Villages de haleurs
V. Tong-tang-tze
Village
Village
Village
Village
Village
Village
GORGE
KUAN LU
Pagode et monastère
Villages
Rapides
Koual-cheou-fou
Tcheng-tu
Y-chang
Han-Keou
Han-yang
Chung-King
Vo-chou
Soui-Fou
CROQUIS DU YANG-TSÉ-KIANG
1/10.000.000

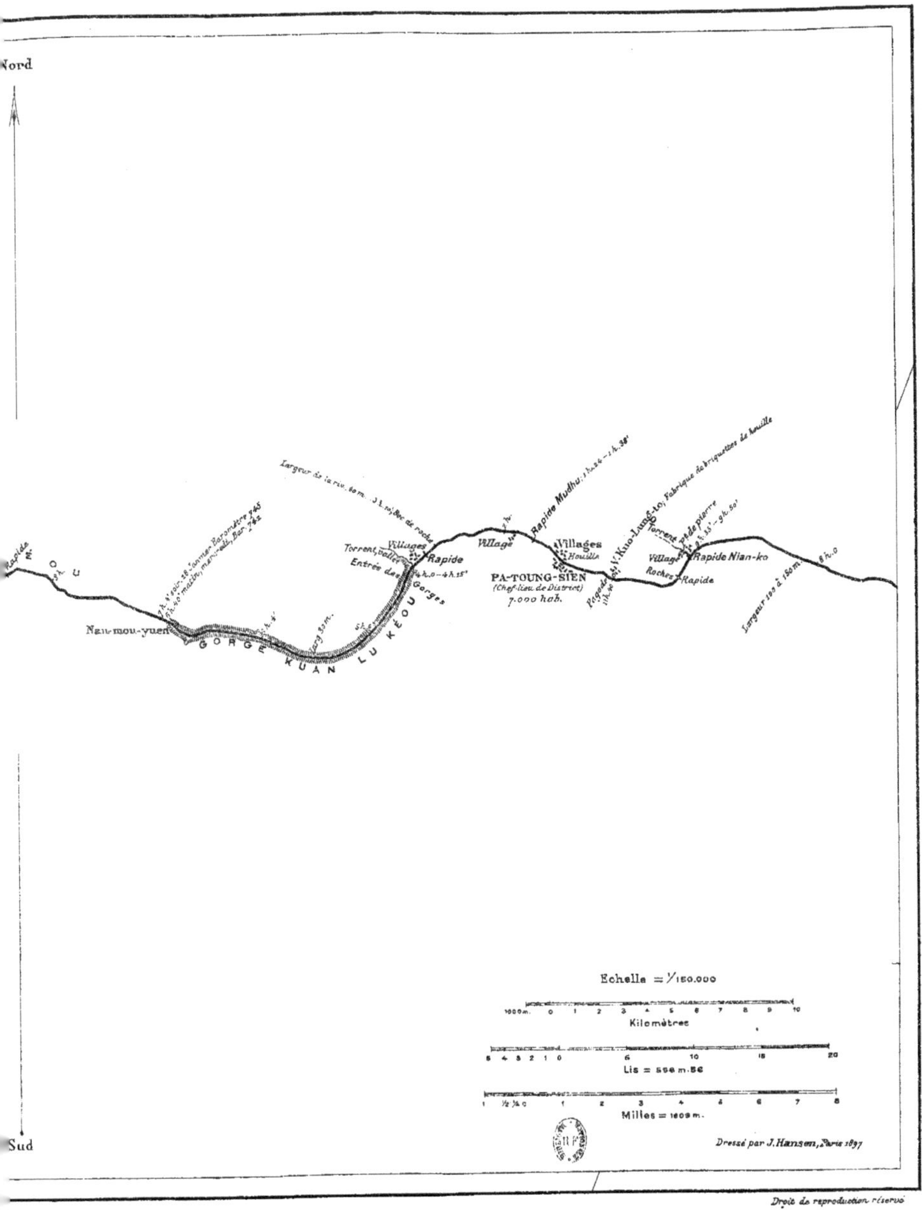

Nord
Sud
Rapide
OU
Nan-mou-yuen
GORGE KUAN LU KÉOU
Largeur de la riv. 60 m.
Barométre 745
Bar. 742
Torrent, vallée
Villages
Rapide
Entrée des Gorges
4h.0 — 4h.15'
Village
Rapide Mudhu; 1h.24 — 1h.38'
Villages
Houille
PA-TOUNG-SIEN
(Chef-lieu de District)
7.000 hab.
V. Kuo-Lung-to; Fabrique de briquettes de houille
Torrent
Village
Roches
Rapide
Rapide Nlan-ko
Largeur 100 à 180 m.
8 h.0
Echelle = 1/150.000
1000 m.   0   1   2   3   4   5   6   7   8   9   10
Kilomètres
5   4   3   2   1   0   5   10   15   20
Lis = 596 m.56
1   ½ ¼ 0   1   2   3   4   5   6   7   8
Milles = 1609 m.
Dressé par J. Hansen, Paris 1897

CROQUIS DU YANG-TSÉ-KIANG

1/10.000.000

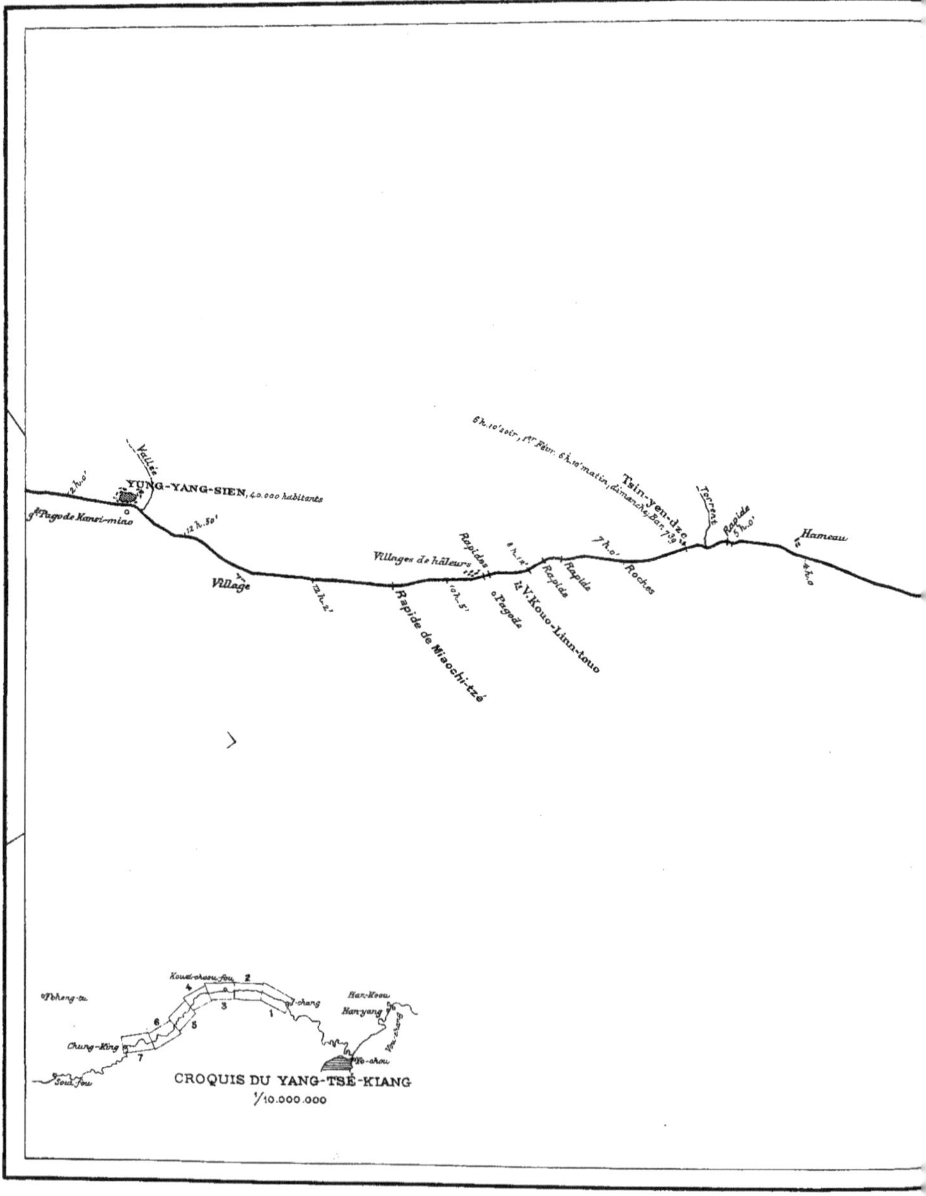

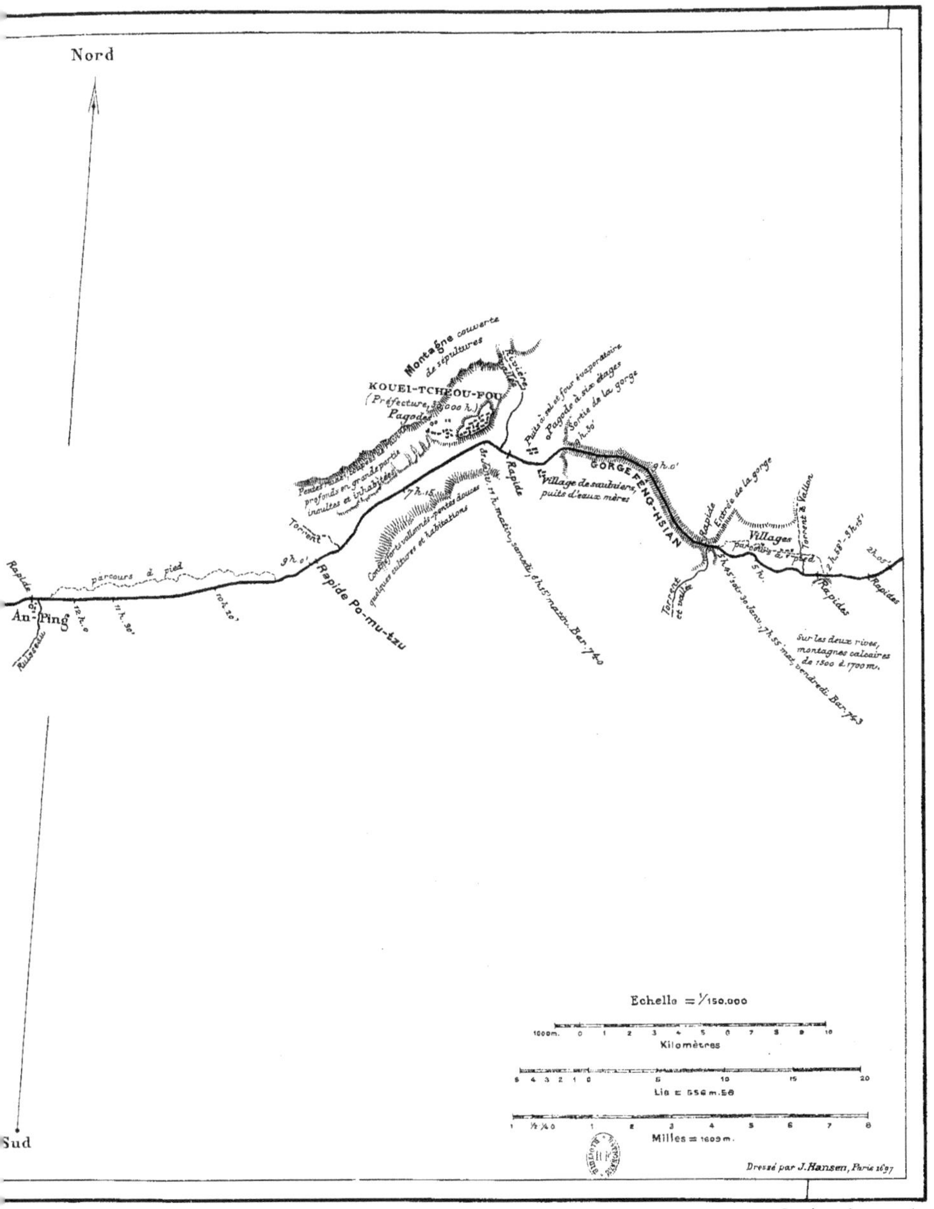

Nord
Sud
Montagne couverte de sépultures
KOUEI-TCHEOU-FOU
(Préfecture, 30.000 h.)
Pagodes
Rivière
Pentes profonds en grande partie incultes et inhabitées
Torrent
Rapide Po-mu-tzu
7 h. 15
Contreforts vallonnés-pentes douces, quelques cultures et habitations
de Jan., 11 h. matin; samedi, 6 h.15' matin. Bar.740
Rapide
Puits à sel et four évaporatoire
Pagode à six étages
Sortie de la gorge
9 h. 30'
Village de saulniers, puits d'eaux mères
GORGE FENG-HSIAN
9 h. 0'
9 h. 0'
An-Ping
Rapide
Ruisseau
12 h. 0'
11 h. 30'
10 h. 50'
parcours à pied
9 h. 0'
Torrent et vallée
Rapide
Entrée de la gorge
Torrent à vallon
Villages
parcours à pied
5 h.
5 h. 45' soir 30 Janv.; 7 h. 55' mat; vendredi. Bar.743
2 h. 58' - 3 h. 15'
2 h. 05'
Rapides
Rapides
sur les deux rives, montagnes calcaires de 1500 à 1700 m.
Echelle = 1/150.000
1000 m. 0 1 2 3 4 5 6 7 8 9 10
Kilomètres
5 4 3 2 1 0   5   10   15   20
Lis = 556 m.58
1 1/2 1/4 0   1   2   3   4   5   6   7   8
Milles = 1609 m.
Dressé par J. Hansen, Paris 1897
Droit de reproduction réservé

COURS DU YANG-TZÉ-KIANG, par Marcel Monnier

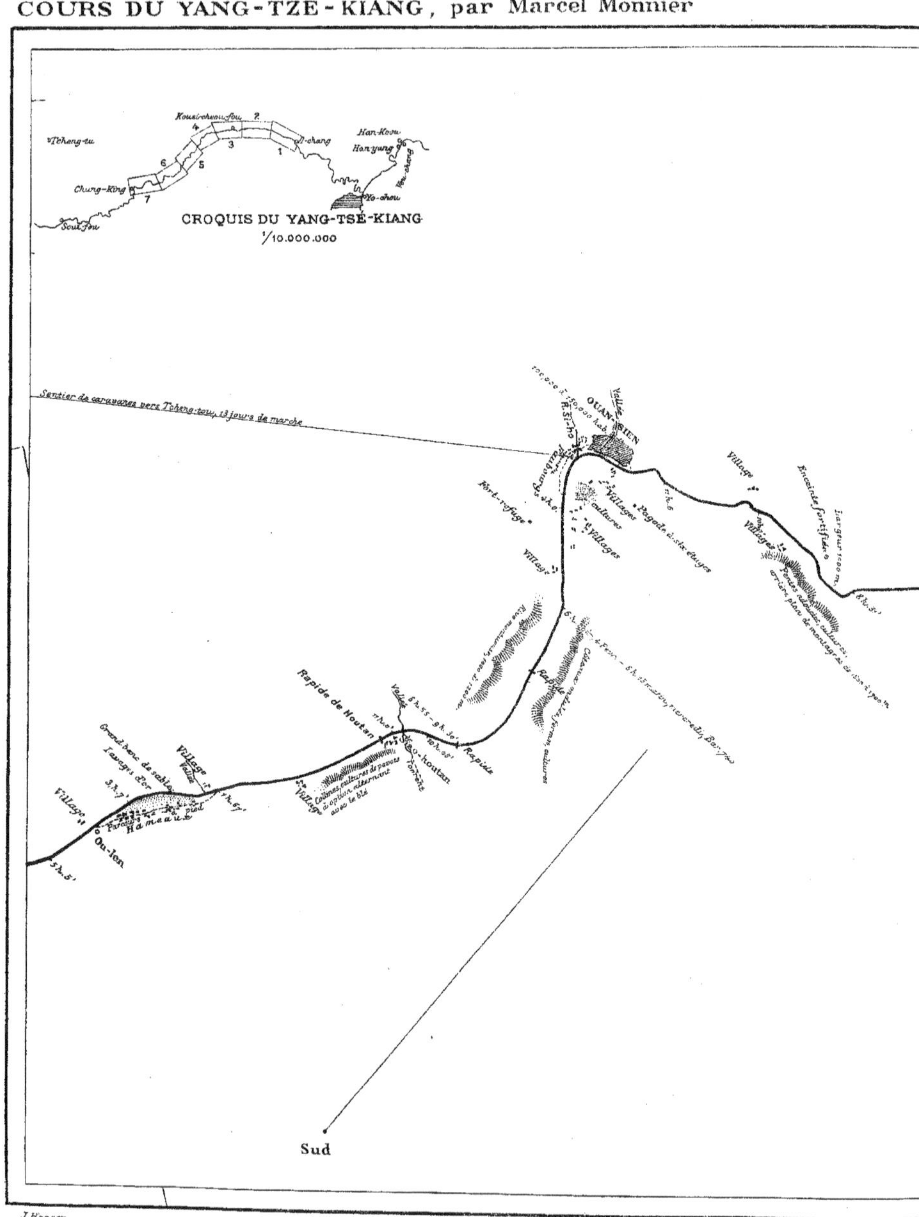

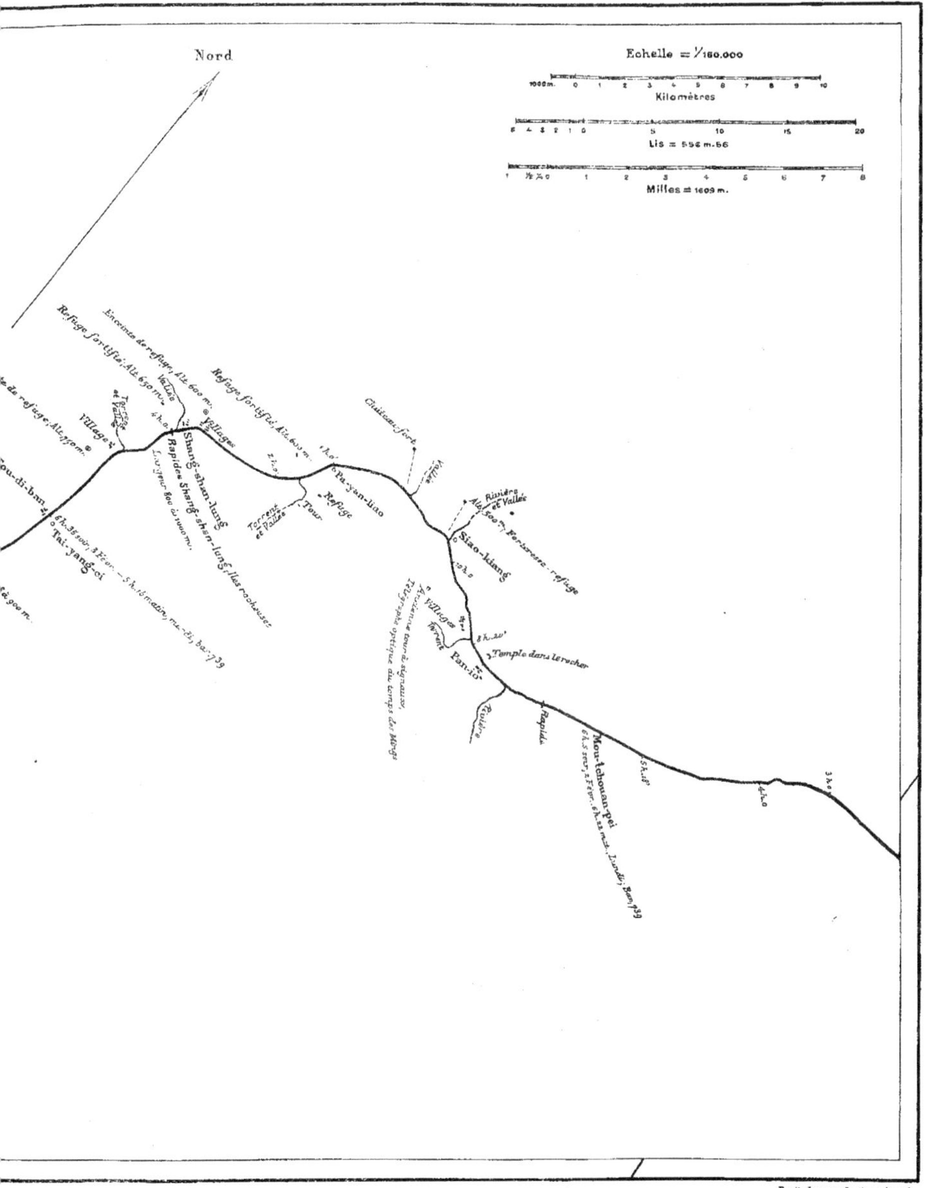

Nord
Echelle = 1/160.000
1000m. 0 1 2 3 4 5 6 7 8 9 10
Kilomètres
6 4 2 1 0 5 10 15 20
Lis = 552 m.55
½ ¼ 0 1 2 3 4 5 6 7 8
Milles = 1609 m.
Refuge fortifié. Alt. 650 m.
Enceinte de refuge. Alt. 600 m.
Refuge fortifié. Alt. 600 m.
Village
Château-fort
Rapides Shang-shan-lung
Shang-shan-lung
Pa-yan-liao
Rivière et Vallée
Tai-yang-ci
Refuge
Tour
Torrent et Vallée
Siao-Liang
Villages
Temple dans le rocher
Pan-io
Villages
Rivière
Rivière
Rapides
Mou-tchouan-Pei

COURS DU YANG-TZÉ-KIANG, par Marcel Monnier

CROQUIS DU YANG-TSÉ-KIANG

1/10.000.000

Nord
Rapides Tao-lu-tsao
Rapide
Kuan-chi-chang
Île rocheuse
Îlot de gravier
Grèves et roches
Collines, bouquets de bois,
cultures
Pagode à sept étages sur roc isolé
CHE-PAO-TCHAI
Parcours à pied
Si-lo-touo
Collines géologiques très-cultivées
chaîne de 1500 à 1700 m. à l'arrière plan
Parcours à pied
Houa-lin-tze
Villages
Largeur 350 m.
Largeur 1000 m.
Largeur 8 à 900 m.
Chou-dze-pou
Village

Echelle = 1/150.000
1000 m.   0   1   2   3   4   5   6   7   8   9   10
Kilomètres
5 4 3 2 1 0   5   10   15   20
Lis = 556 m.56
1 ½ ¼ 0   1   2   3   4   5   6   7   8
Milles = 1609 m.

COURS DU YANG-TZÉ-KIANG, par Marcel Monnier

CROQUIS DU YANG-TSÉ-KIANG

1/10.000.000

Nord
Tié-men-Kang
Pagode
Rapides
8 h. 15' matin, Féier — 6 h. o matin, lundi, Bar. 735
Rapide
Kao-lia-chen
la "Nouvelle Cité"
FENGTU-SIEN
Pagode
Île Yao-tzu-chéï, très-cultivée
Pagode
Pagode
Pagode
Parcours à pied
Collines escarpées dans le fleuve
Pentes douces, cultivées
Largeur 600 m.
Collines-terres très-cultivées, villages
Largeur 350 m.
Ensuite rivière, laissée beaucoup et tombant en rivières
Largeur 600 m. à l'étiage
Berges de roches
Îles rocheuses
Echelle = 1/150.000
1000 m. 0 1 2 3 4 5 6 7 8 9 10
Kilomètres
5 4 3 2 1 0 5 10 15 20
Lis = 556 m. 56
1 1/2 1/4 0 1 2 3 4 5 6 7 8
Milles = 1609 m.

COURS DU YANG-TZÉ-KIANG, par Marcel Monnier

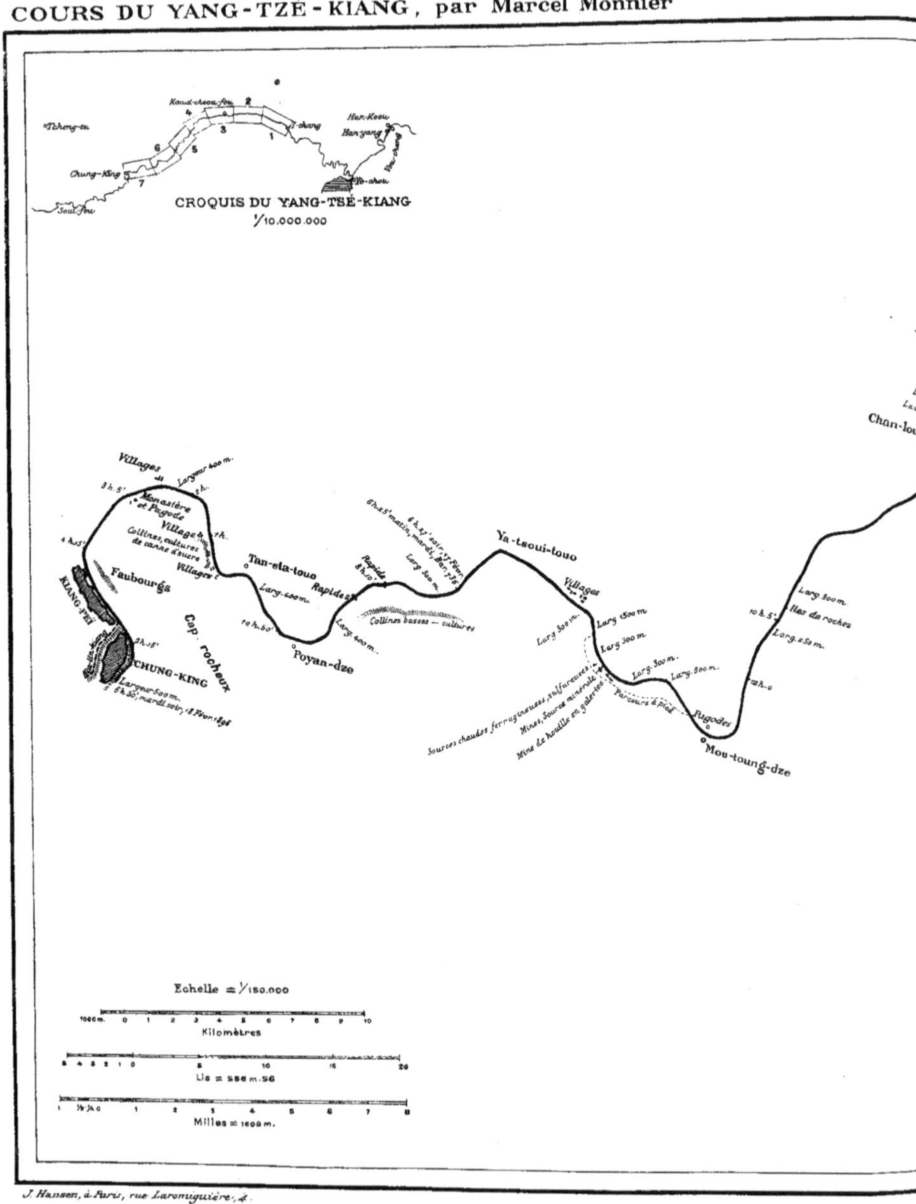

J. Hansen, à Paris, rue Laromiguière, 4.

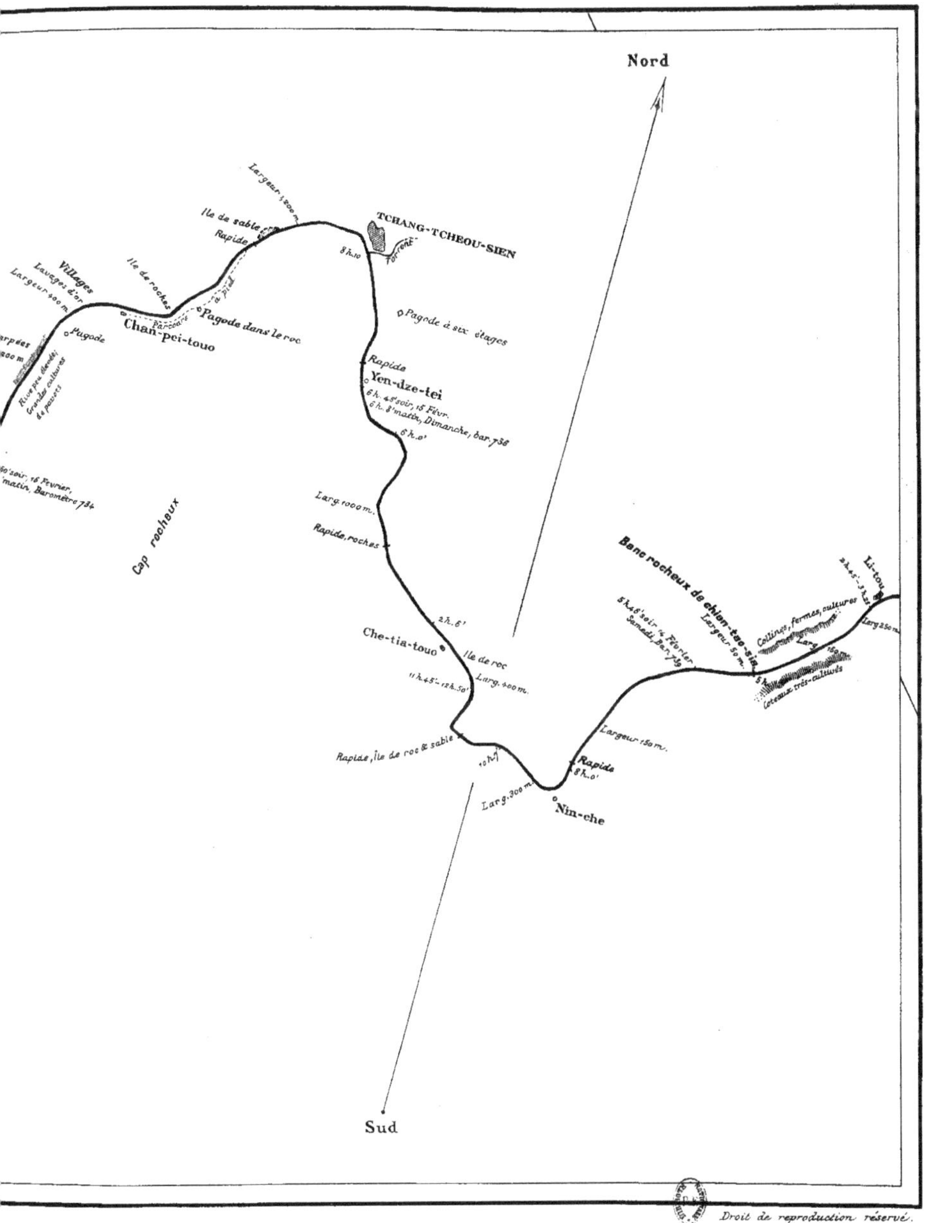

Nord
Sud
TCHANG-TCHEOU-SIEN
Largeur 500 m
Ile de sable
Rapide
8 h.10
Torrent
Villages
Lavages d'or
Largeur 500 m
Ile de rochers
Pagode dans le roc
Chan-pei-touo
Barcos
Pagode à six étages
Pugode
Rive peu dentée
Grandes cultures de pavots
escarpées
500 m
Rapide
Yen-dze-tei
6 h. 45' soir, 15 Févr.
6 h. 8' matin, Dimanche, bar. 738
6 h. 0'
'50' soir, 16 Fevrier,
'matin, Baromètre 736
Larg. 1000 m.
Rapide, roches
Cap rocheux
2 h. 6'
Che-tia-touo
Ile de roc
11 h. 45'- 12 h. 50'
Larg. 400 m.
Rapide, île de roc & sable
10 h.
Larg. 300 m.
Largeur 150 m.
Rapide
8 h. 0'
Nin-che
Banc rocheux de chien-tao-sia
Li-tou
5 h. 45'- 5 h. 15'
Collines, fermes, cultures
Largeur 500 m.
5 h. 45' soir, 14 Février
Samedi, bar. 740
Largeur 250 m.
Coteaux très-cultivés

ITINÉRAIRES DU FLEUVE BLEU AU FLEUVE ROUGE par Marcel Monnier, 1896

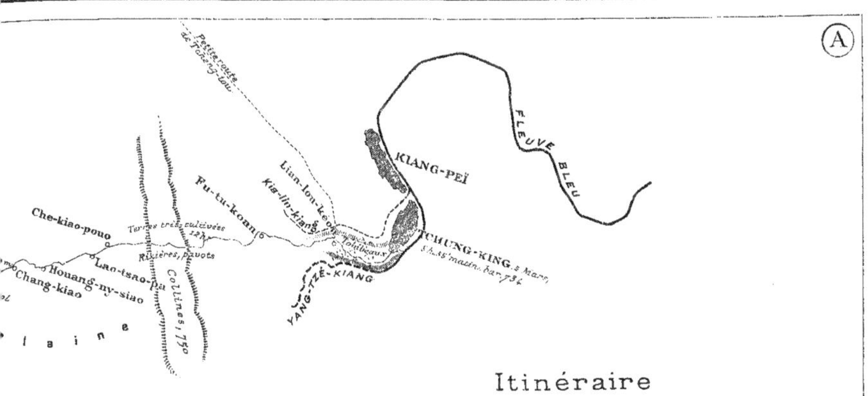

Itinéraire

DE TCHUNG-KING À KOUANN-TCHIEN

Levé par Marcel Monnier, correspondant du "Temps"

5 - 26 Mars 1896

Le Lever a été exécuté directement à l'échelle de 1/53,030 sur la boussole tournante J. Hansen

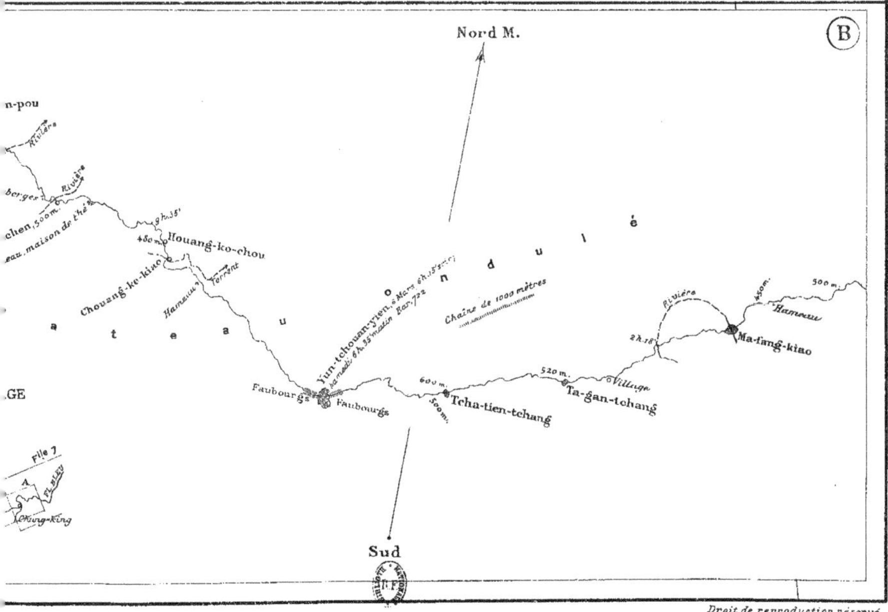

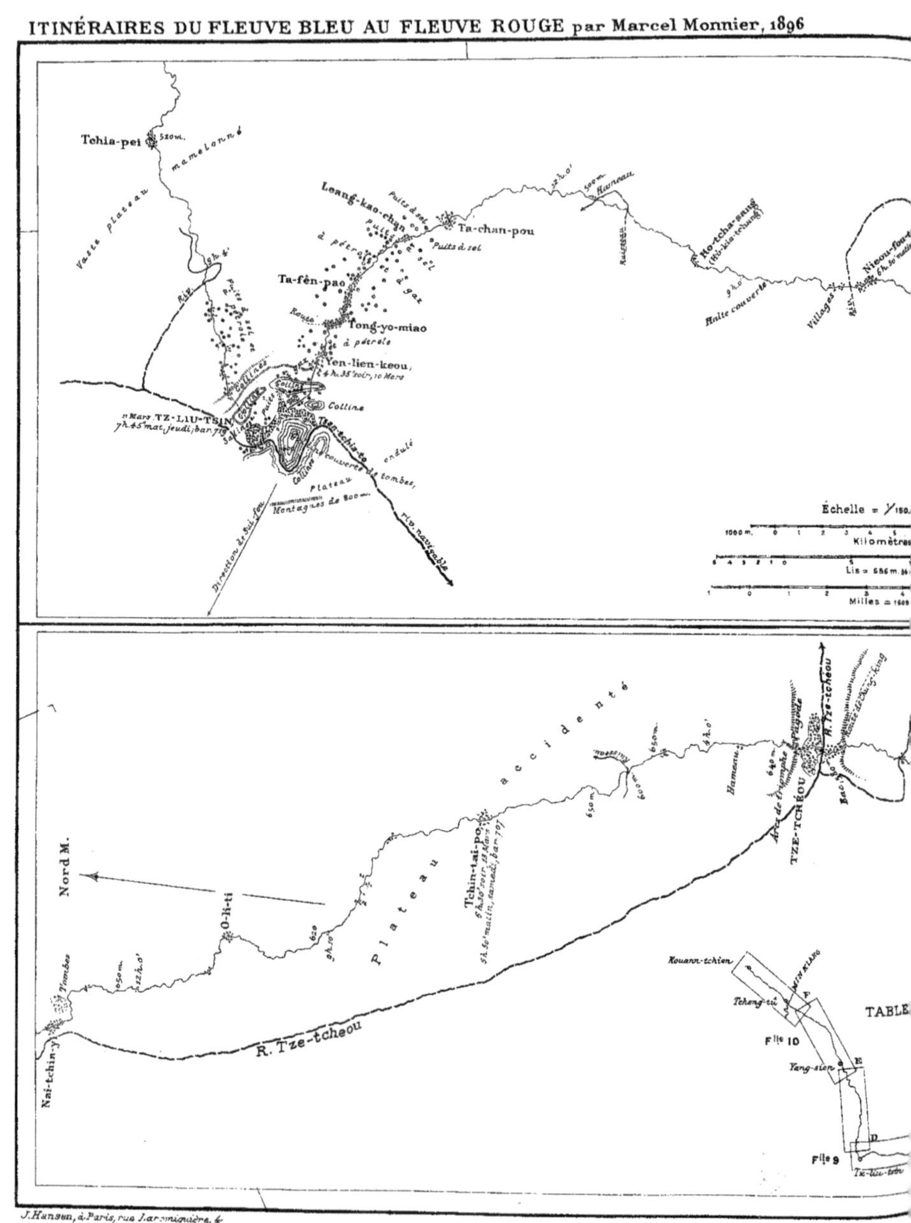
Tchia-pei
Vaste plateau mamelonné
Leang-kao-chan
Puits de sel
puits à pétrole et à gaz
Ta-chan-pou
Hameau
Ho-tcha-sang
Ta-fên-pao
Yong-yo-miao
à pétrole
Yen-lien-keou
Niou-fou
Villages
Halte couverte
TZ-LIU-TSIN
Colline
Colline
Colline couverte de tombes
Plateau
Montagnes de 800 m.
Riv. navigable
Direction du sulfure
Échelle = 1/150
1000 m.   0   1   2   3   4   5
Kilomètres
Lis = 585 m.
Milles = 1609
Nord M.
Plateau accidenté
O-li-ti
650 m.
Tchin-lai-po
Hameau
Arc de triomphe Pagode
TZE-TCHÉOU
R. Tze-tchéou
Nai-tchin-y
tombes
650 m.
R. Tze-tchéou
Kouann-tchien
Tcheng-tú
Yang-sien
TABLE
Flle 10
Flle 9

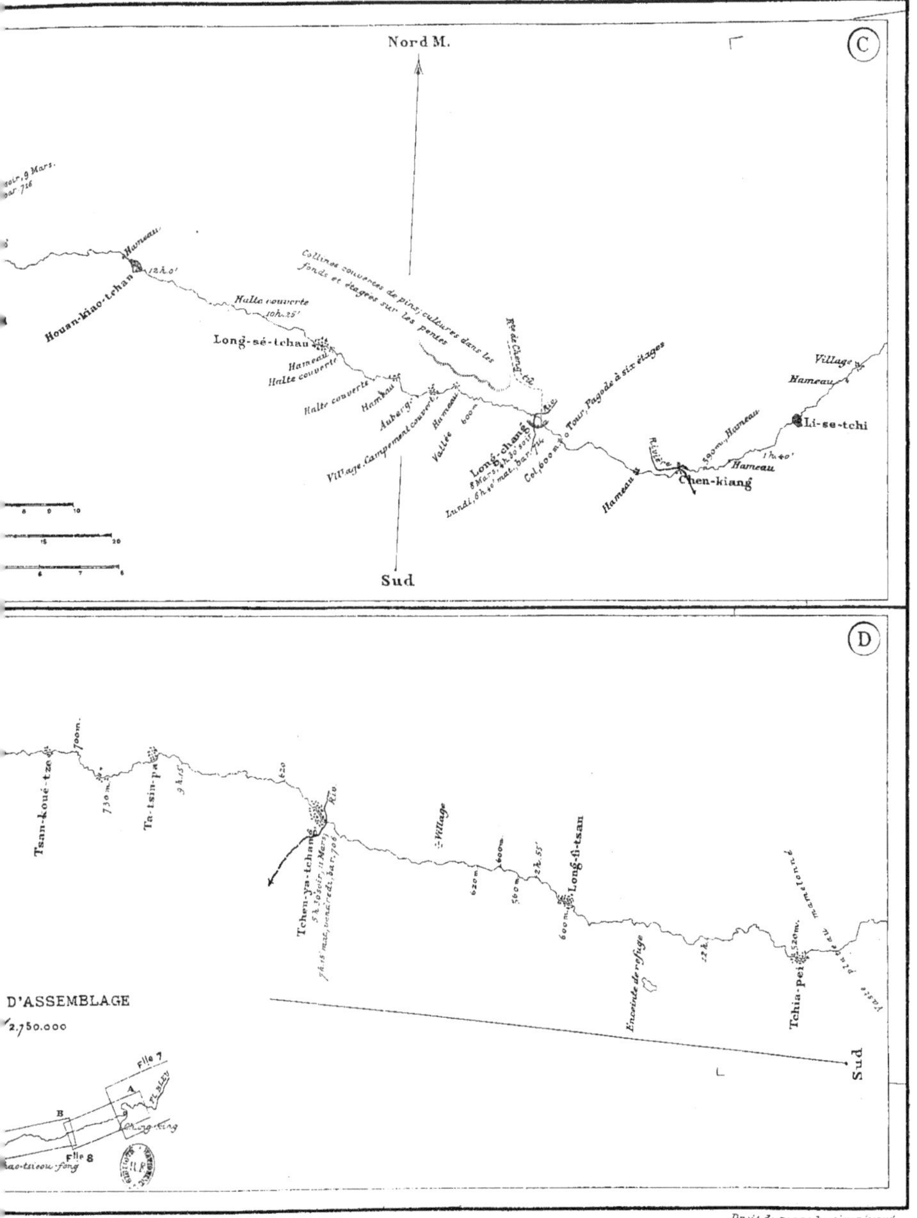
C
Nord M.
Houan-kiao-tchau
Hameau
12h.0'
Halte couverte
10h.25'
Long-sé-tchau
Hameau
Halte couverte
Halte couverte
Hambau
Auberge
Village Campement couvert
Vallée
Hameau
600m.
Collines couvertes de pins, cultures dans les
fonds et étagées sur les pentes
R. de Chang-tié
Rio
Long-tchang
8 Mars, 6h.30 soir
lundi, 6h.x' mat. bar. 714
Col 600 m. x.0 Tour, Pagode à six étages
Rivière
Hameau
Hameau
100m. Hameau
1h.40'
Hameau
Chen-kiang
Village
Hameau
Li-se-tchi
Sud
D
Tsan-koué-tza
700m.
730 m.
Ta-tsin-pa
3 h.x5'
620
Tchen-ya-tchang
5 h.10 soir, 11 Mars
7h.15 mat, bon credi, bar. 706
Rio
Village
620m.
600m.
560m.
12h.55'
Long-fi-tsau
600 m.
Enceinte de refuge
11 k.
Tchia-pei
520m. mamelonné
plateau profond ravin
Sud
D'ASSEMBLAGE
2,750.000
F^lle 7
A
B
Tchong-King
F^lle 8
Kiao-tsieou-fong

ITINÉRAIRES DU FLEUVE BLEU AU FLEUVE ROUGE par Marcel Monnier, 1896

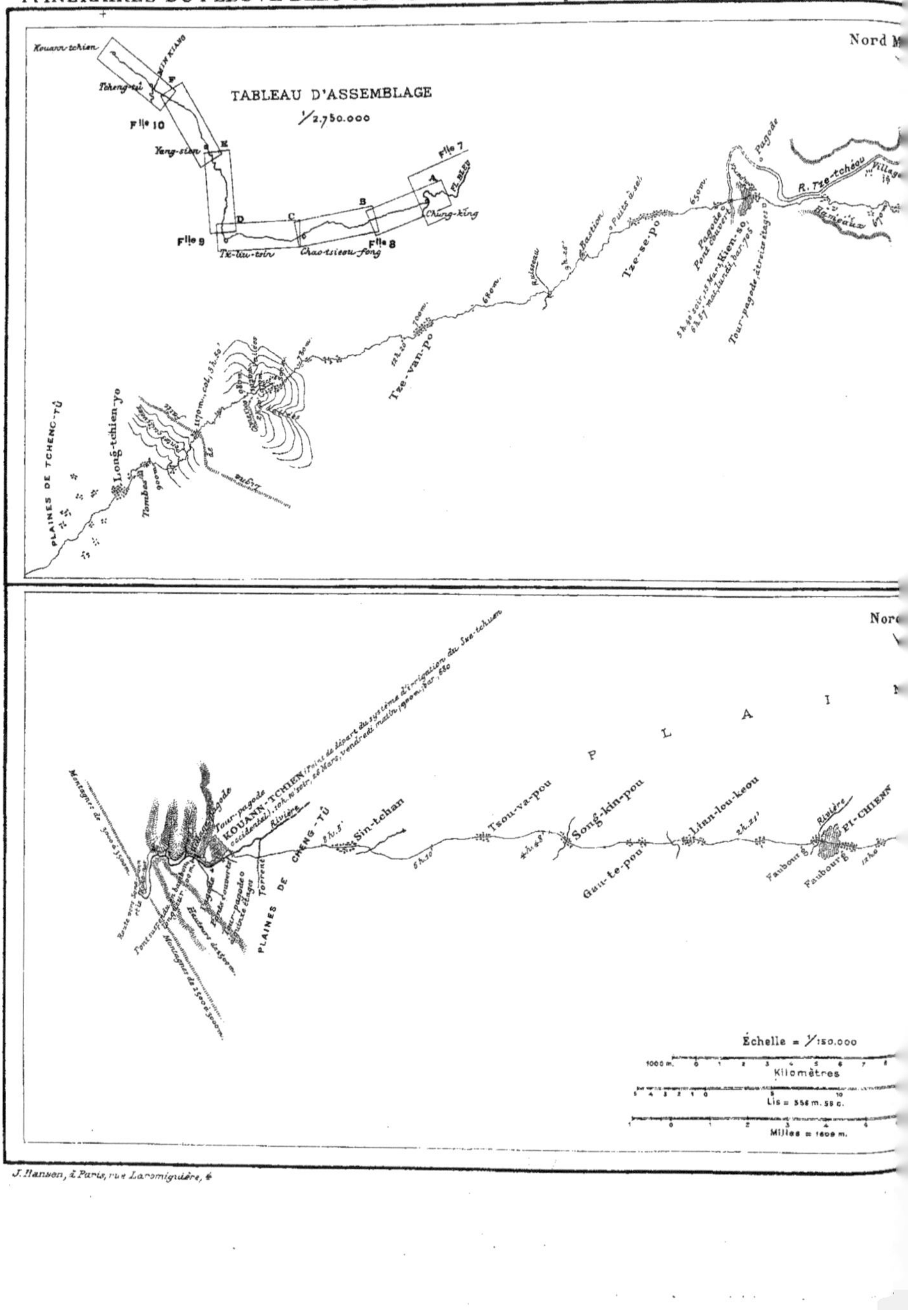

J. Hansen, à Paris, rue Laromiguière, 4

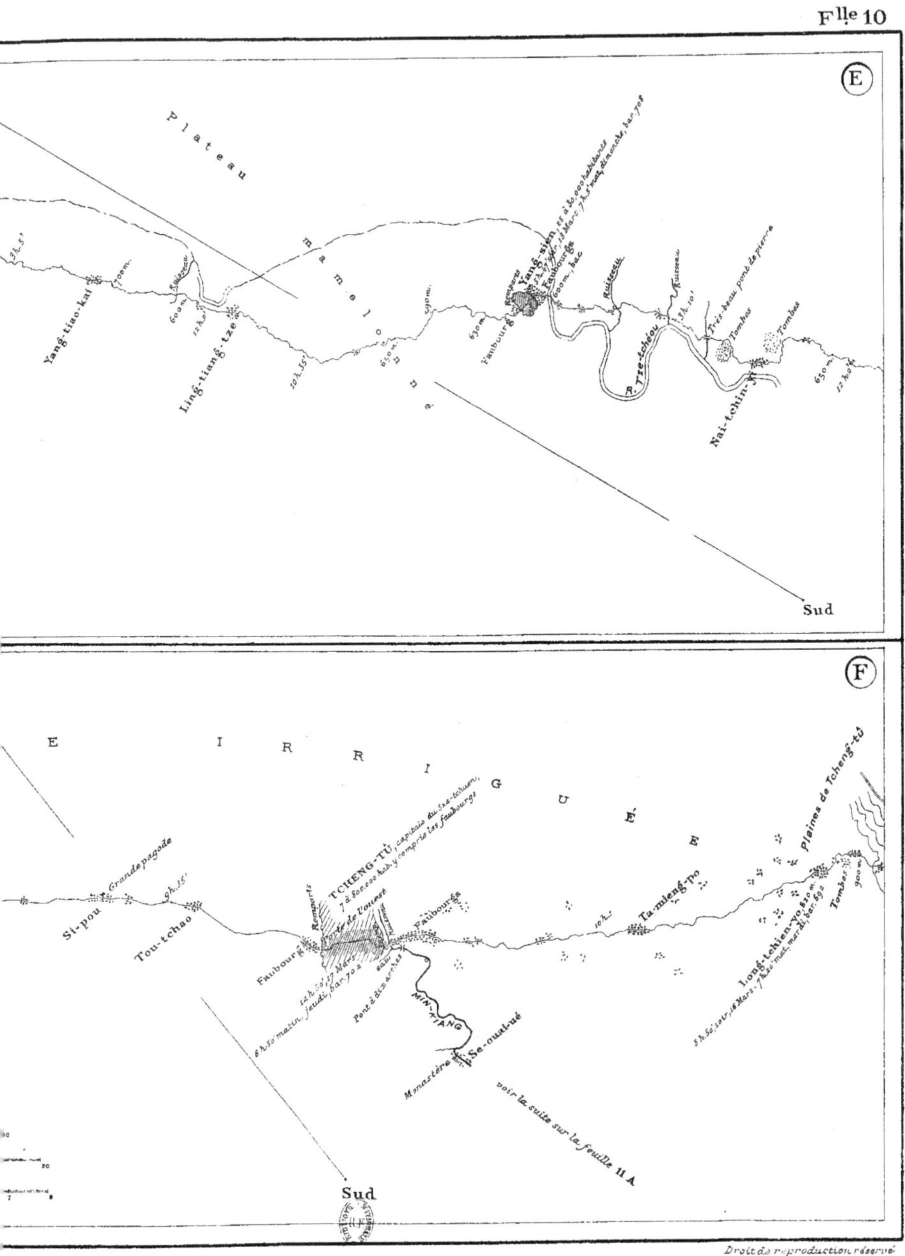

E
Plateau
mamelonne
Yang-tiao-kai
Ling-tiang-tze
Rempart
Yang-sien, vs à 30.000 habitants
5h.47' soir, 13 Mars. 7h.5'mat, dimanche, bar-702
Faubourgs
600 m., bac
Faubourg
630 m.
650 m.
Ruisseau
Ruisseau
3h.10'
R. Tze-tchéou
Très-beau pont de pierre
Tombes
Tombes
Nai-tchin-y
650 m.
12h.0'
Sud

F
E IRRIGUÉE
Grande pagode
9h.55'
Si-pou
Tou-tchao
TCHENG-TU, capitale du Sse-tchuen,
7 à 800.000 hab., y compris les faubourgs
Remparts
Porte de l'ouest
12 h.50, 17 Mars
6 h.50' matin, jeudi, bar-702
eau
Faubourg
Faubourgs
Pont à dix arches
MIN-TIANG
Monastère Se-ouai-ué
10h.!
Ta-mieng-po
Long-tchien-yo, 830 m.
5 h.50' soir, 16 Mars. 7h.20' mat, mar, bar-692
Plaines de Tcheng-tu
Tombes
900 m.
voir la suite sur la feuille 11 A
Sud

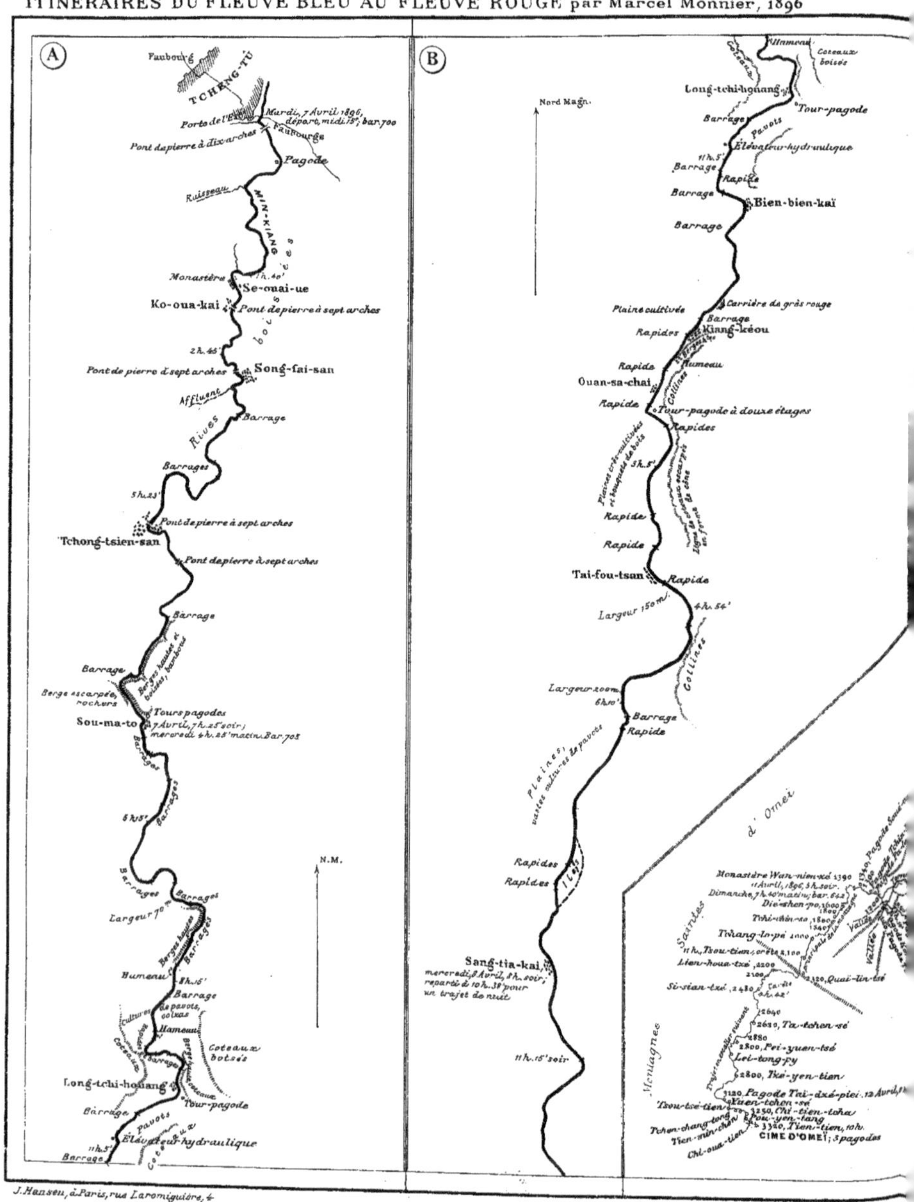
A
Faubourg
TCHENG-TÚ
Porte de l'Est
Mardi, 7 Avril 1896,
départ, midi 15'; bar.700
Pont de pierre à dix arches
Faubourg
Pagode
Ruisseau
MIN-KIANG
Monastère
Se-ouai-ue
Ko-oua-kai
Pont de pierre à sept arches
2h. 45'
Pont de pierre à sept arches
Song-fai-san
Affluent
Rives
Barrage
Barrages
5h. 23'
Pont de pierre à sept arches
Tchong-tsien-san
Pont de pierre à sept arches
Barrage
Barrage
Berge escarpée, rochers
Tours pagodes
Sou-ma-to
7 Avril, 7h. 25'soir)
mercredi 5h. 25'matin.Bar.705
6h. 15'
Barrages
Barrages
Largeur 70m.
Berges hautes
Humeau
8h. 5'
Barrage
cultures pavots, colzas
Hameau
Coteaux boisés
Long-tchi-houang
Barrage
Tour-pagode
pavots
9h. 5'
Élévateur-hydraulique
Barrage
Coteaux boisés
N.M.

B
Nord Magn.
Hameau
Coteaux boisés
Long-tchi-houang
Tour-pagode
Barrage
pavots
11h. 5'
Élévateur-hydraulique
Barrage
Rapide
Barrage
Bien-bien-kaï
Barrage
Plaine cultivée
Carrière de grès rouge
Barrage
Kiang-kéou
Rapides
Rapide
Hameau
Ouan-sa-chai
Rapide
Tour-pagode à douze étages
Rapides
5h. 5'
Rapide
Rapide
Tai-fou-tsan
Rapide
Largeur 150 m.
4h. 54'
Collines
Largeur 200m.
6h. 10'
Barrage
Rapide
Plaines, vallées cultivées de pavots
Rapides
Rapides
Sang-tia-kai
mercredi 8 Avril, 8h. soir;
reparti à 10h. 30' pour
un trajet de nuit
11h. 15'soir

d'Omeï
Monastère Wan-nien-xé 1390
11 Avril, 1896, 5h.soir.
Dimanche, 7h. 40'matin; bar. 642.
Dié-shen-po, 1600
1800
Tchi-thin-xe 1800
Twang-In-pé 1000
11h., Tsou-tien, or été 2,100
Lien-houa-txé, 2200
2100
120, Quaï-lin-txé
Si-sian-txé 2450
2640
2640, Ta-tchon-sé
2880
2800, Peï-yuen-tsé
Lei-tong-py
2800, Iké-yen-tian
120, Pagode Tai-dxé-piei.12 Avril,
Yuen-tchon-sé
1250, Chi-tien-tcha
Tsou-txé-tien
Pou-yen-tang
Tchen-chang-tong
3320, Tien-tien, 10h.
Tien-min-chai
CIME D'OMEÏ; 3 pagodes
Chi-oua-tien
Saintes Montagnes

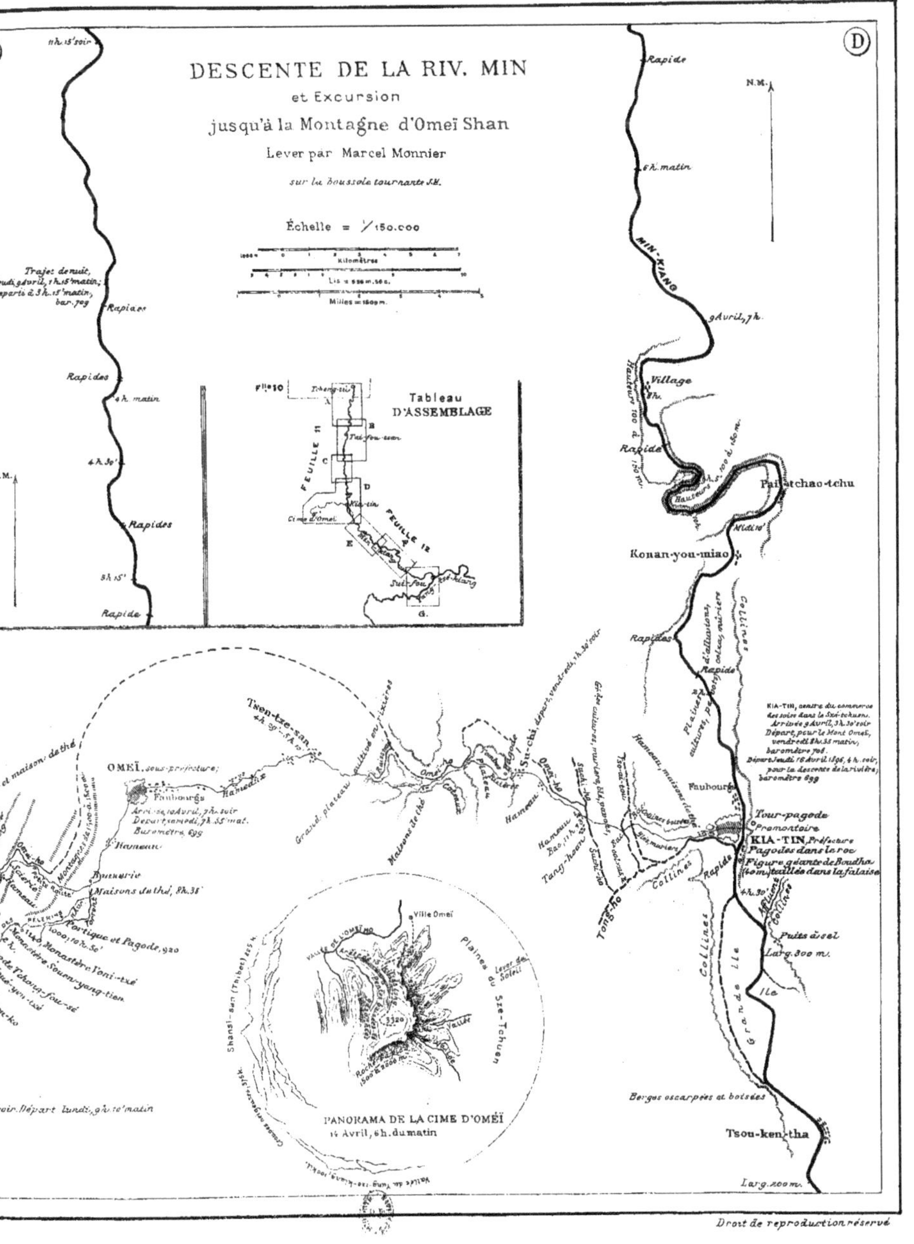
D
DESCENTE DE LA RIV. MIN
et Excursion
jusqu'à la Montagne d'Omeï Shan
Lever par Marcel Monnier
sur la boussole tournante J.H.
Échelle = 1/150.000
Kilomètres
Lis = 596 m. 50 c.
Milles = 1600 m.
Tableau D'ASSEMBLAGE
FEUILLE 10
Tcheng-tou
Tai-fou-ssa
FEUILLE 11
FEUILLE 12
Kia-tin
Cime d'Omeï
Sui-fou
Yen-Kiang
N.M.
Rapide
6 h. matin
MIN-KIANG
9 Avril, 7 h.
Village
Hauteurs 100 à 150 m.
Rapide
Hauteurs 100 à 150 m.
Pai-tchao-tchu
Midi 15'
Konan-you-miao
Collines
Rapides
Rapide
Plaine d'alluvions cultivée, peu boisée, quelques mûriers
KIA-TIN, centre du commerce des soies dans le Sze-tchuen. Arrivée 9 Avril, 3 h. 30' soir Départ pour le Mont Omeï, vendredi 8 h. 35 matin, baromètre 708.
Départ Jeudi 18 Avril 1895, 4 h. soir, pour la descente de la rivière, baromètre 699
Faubourg
Tour-pagode
Promontoire
KIA-TIN, Préfecture
Pagodes dans le roc
Figure géante de Boudha (40 m. taillée dans la falaise)
Puits à sel
Larg. 300 m.
Collines
Grande Ile
Ile
Collines
Berges escarpées et boisées
Tsou-ken-tha
Larg. 200 m.
Tsen-tze-san
et maison de thé
OMEÏ, sous-préfecture
Faubourgs
Hameau
Arrivée 10 Avril, 7 h. soir
Départ vendredi, 7 h. 35 mat.
Baromètre 699
Hameau
Brasserie
Maisons du thé, 8 h. 35'
Portique et Pagode, 920
Monastère Ioni-txé
Grand plateau cultivé en Laitues
Maisons de thé
Su-chi départ vendredi, 8 h. 30' soir
Omeï-ho
Hameau maisons de thé
Tongho
PANORAMA DE LA CIME D'OMEÏ
14 Avril, 6 h. du matin
Ville Omeï
VALLÉE DE L'OMEÏ-HO
Plaines du Sze-Tchuen
Lever du Soleil
3320
Shansi-san (Thibet)
Vallée du Yang-tzé-Kiang, 100 K.
Trajet de nuit, jeudi 9 Avril, 1 h. 15 matin, départ à 3 h. 15 matin, bar. 709
Rapide
Rapides
4 h. matin
4 h. 30'
Rapides
3 h. 15'
Rapide
N.M.

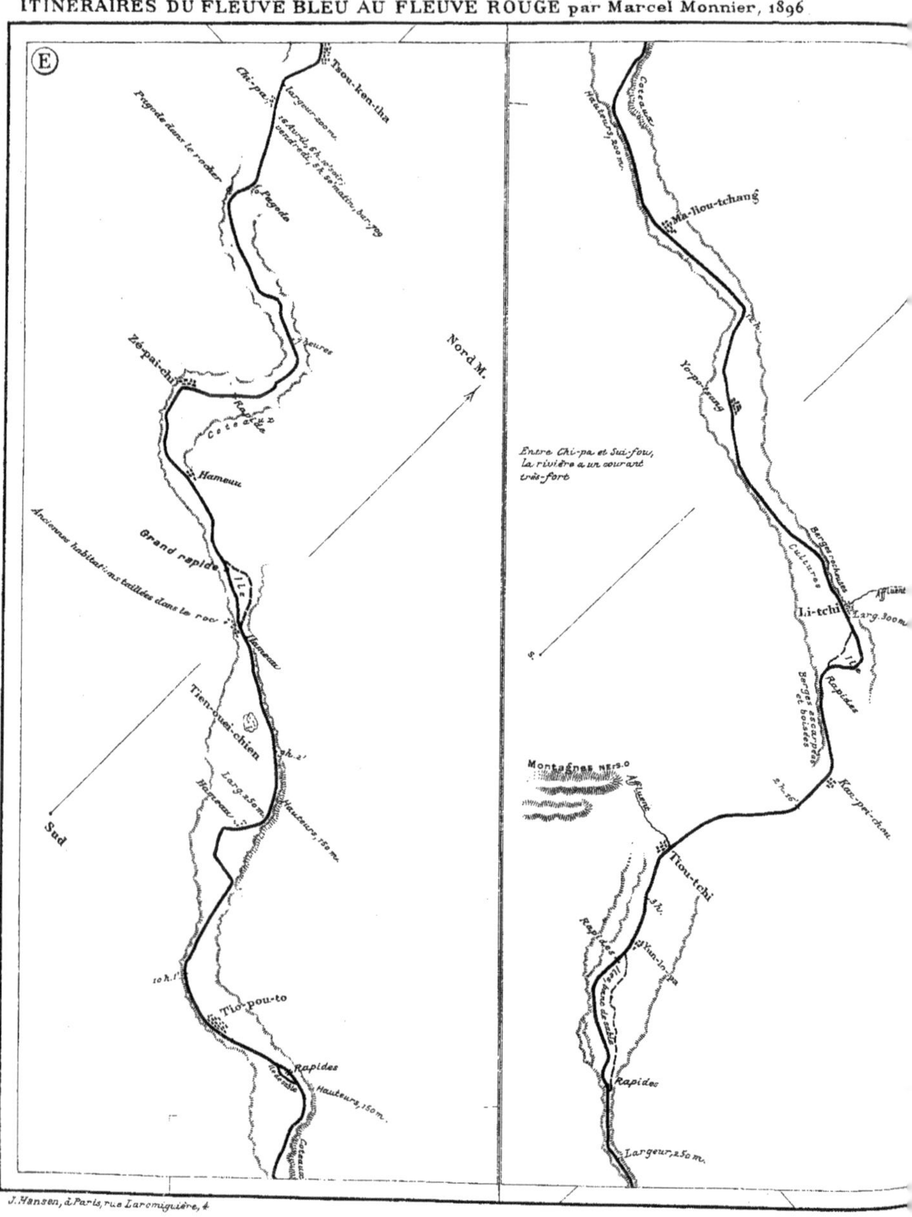
E
Tsou-ken-tha
Chi-pa
largeur 200 m.
Pagode dans le rocher
Pagode
heures
Zé-pai-chi
Côte arde D
Hameau
Anciennes habitations taillées dans le roc
Grand rapide
Li
Hameau
Tien-ouei-chien
Largeur 250 m.
Hameau
Hauteurs, 150 m.
Sud
Nord M.
10 h. 1
Tiou-pou-to
Rapides
Hauteurs, 150 m.
Cateaux
Coteaux
Hauteurs, 200 m.
Ma-liou-tchang
Yorpo-prang
Entre Chi-pa et Sui-fou,
la rivière a un courant
très-fort
S.
Berges rocheuses
Cultures
Li-tchi
Larg. 300 m.
Affluent
Berges escarpées
et boisées
Rapides
Montagnes Mers-O
Affluent
2 h. 10
Kao-pei-chou
Tiou-tchi
Rapides
Yun-in-pa
Rapides
Rapides
Largeur, 250 m.

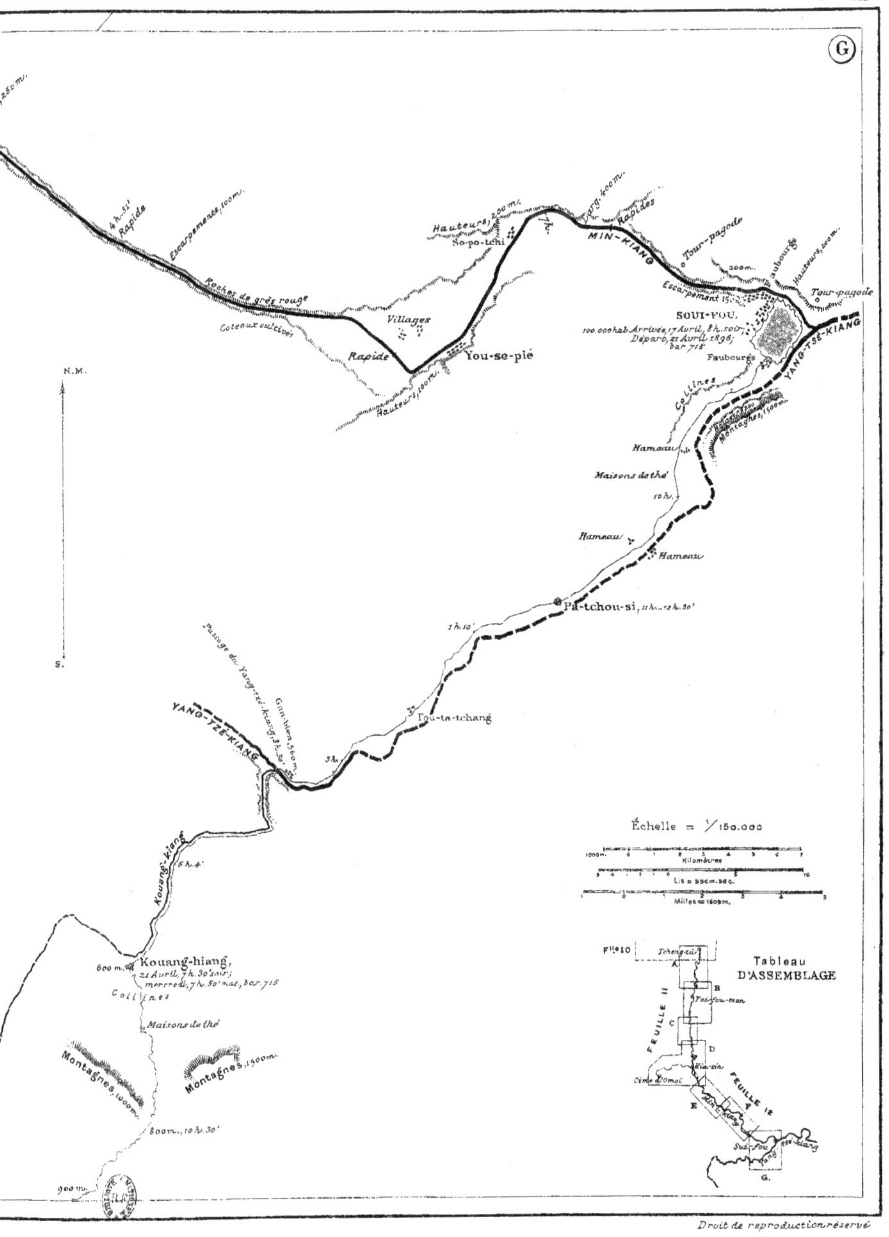
G
N.M.
S.
Rapide
Escarpements, 100m.
Roches de grès rouge
Coteaux cultivés
Villages
Rapide
You-se-pié
Hauteurs, 100m.
So-po-tchi
Hauteurs, 200m.
MIN-KIANG
Rapides
Gorg. 400m.
Tour-pagode
Faubourgs
Hauteurs, 200m.
200m.
Escarpement 150m.
Tour-pagode
SOUI-FOU,
100.000 hab. Arrivée, 17 Avril, 8h. soir;
Départ, 21 Avril 1896;
par 71 E.
YANG-TSE-KIANG
Faubourgs
Collines
Montagnes, 1500m.
Hameau
Maisons de thé
10 h.
Hameau
Hameau
Pa-tchou-si, 11h.—12h. 30'
1 h. 10'
Fou-ta-tchang
3 h.
YANG-TSE-KIANG
Passage du Yang-tsé-kiang, 3h. 30'
Guin-lien, 500m.
Kouang-hiang
6 h. 4'
600 m.
Kouang-hiang,
21 Avril, 7h. 30' soir;
mercredi, 7h. 50' mat., par 71 E.
Collines
Maisons de thé
Montagnes, 1000m.
Montagnes, 1500m.
800 m., 10 h. 30'
900 m.
Échelle = 1/150.000
Kilomètres
Lis à 55cm. 56 c.
Milles = 1609m.
Tableau
D'ASSEMBLAGE
F.lle 10
Tchong-tsai
A
B
Tai-fou-tsan
C
D
Kia-tin
Cime d'Omeï
E
F
FEUILLE 11
FEUILLE 12
Soui-Fou
Yang-tsé-kiang
G

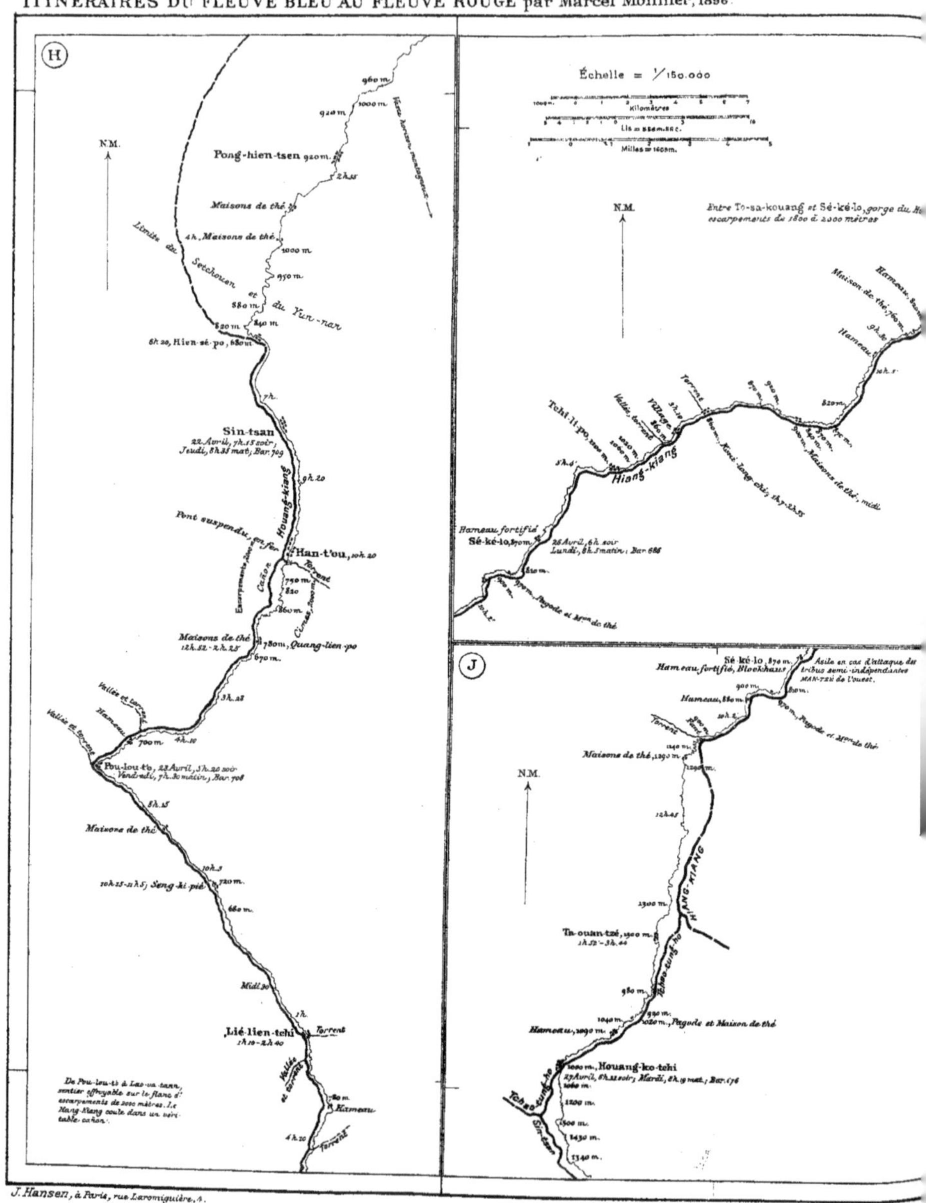
H
N.M.
Échelle = 1/150.000
Kilomètres
Lis = 556 m. 66 c.
Milles = 1608 m.
N.M.
Entre To-sa-kouang et Sé-ké-lo, gorge du H
escarpements du 1800 à 2000 mètres
960 m.
1000 m.
920 m.
Pong-hien-tsen, 920 m.
2 h. 55
Maisons de thé
4 h. Maisons de thé
1000 m.
950 m.
880 m.
820 m. 840 m.
Limite du Setchouen et du Yun-nan
8 h. 20, Hien-sé-po, 680 m.
7 h.
Maison de thé
Hameau
Sin-tsan
22 Avril, 7 h. 15 soir;
Jeudi, 8 h. 35 mat., Bar. 709
9 h. 20
Hameau
Houang-kiang
Tchi-li-po
Vallée
Village
Torrent
Hiang-kiang
Pont suspendu, fer
Han-t'ou, 10 h. 20
Torrent
750 m.
820
860 m.
Maison de thé, midi
Escarpements
Cahos
Hameau fortifié
Sé-ké-lo, 870 m.
26 Avril, 6 h. soir
Lundi, 8 h. 5 matin, Bar. 685
Maisons de thé
12 h. 52 - 2 h. 25
780 m., Quang-lien-po
670 m.
3 h. 25
Vallée et torrent
Hameau
700 m.
4 h. 10
Pagode et Mⁿᵉ de thé
Vallée et torrent
Pou-lou-ts, 22 Avril, 5 h. 20 soir
Vendredi, 7 h. 30 matin, Bar. 708
5 h. 15
J
Sé-ké-lo, 870 m.
Hameau, fortifié, Blockhaus
Asile en cas d'attaque des
tribus semi-indépendantes
MAN-TZU de l'ouest
Hameau, 880 m.
Maison de thé
Pagode et Mⁿᵉ de thé
10 h. 5
10 h. 25 - 11 h. 5; Seng-ki-pié, 720 m.
660 m.
Torrent
1140 m.
Maisons de thé, 1290 m.
1290 m.
N.M.
12 h. 45
HANG-KIANG
1300 m.
Midi 30
Th-ouan-tzé, 1200 m.
1 h. 52 - 3 h. 40
1 h.
Lié-lien-tchi
1 h. 10 - 2 h. 40
Torrent
950 m.
Vallée et torrent
1040 m.
920 m.
1010 m., Pagode et Maison de thé
Hameau, 1090 m.
Houang-ko-tchi
27 Avril, 5 h. 55 soir; Mardi, 8 h. 5 mat., Bar. 676
1080 m.
1200 m.
De Pou-lou-ts à Lao-ua-tann,
sentier effroyable sur le flanc d'
escarpements de 2000 mètres. Le
Hang-Kiang coule dans un véri-
table cañon.
380 m.
Hameau
1500 m.
1430 m.
4 h. 20
Torrent
1340 m.

J. Hansen, à Paris, rue Laromiguière, 4.

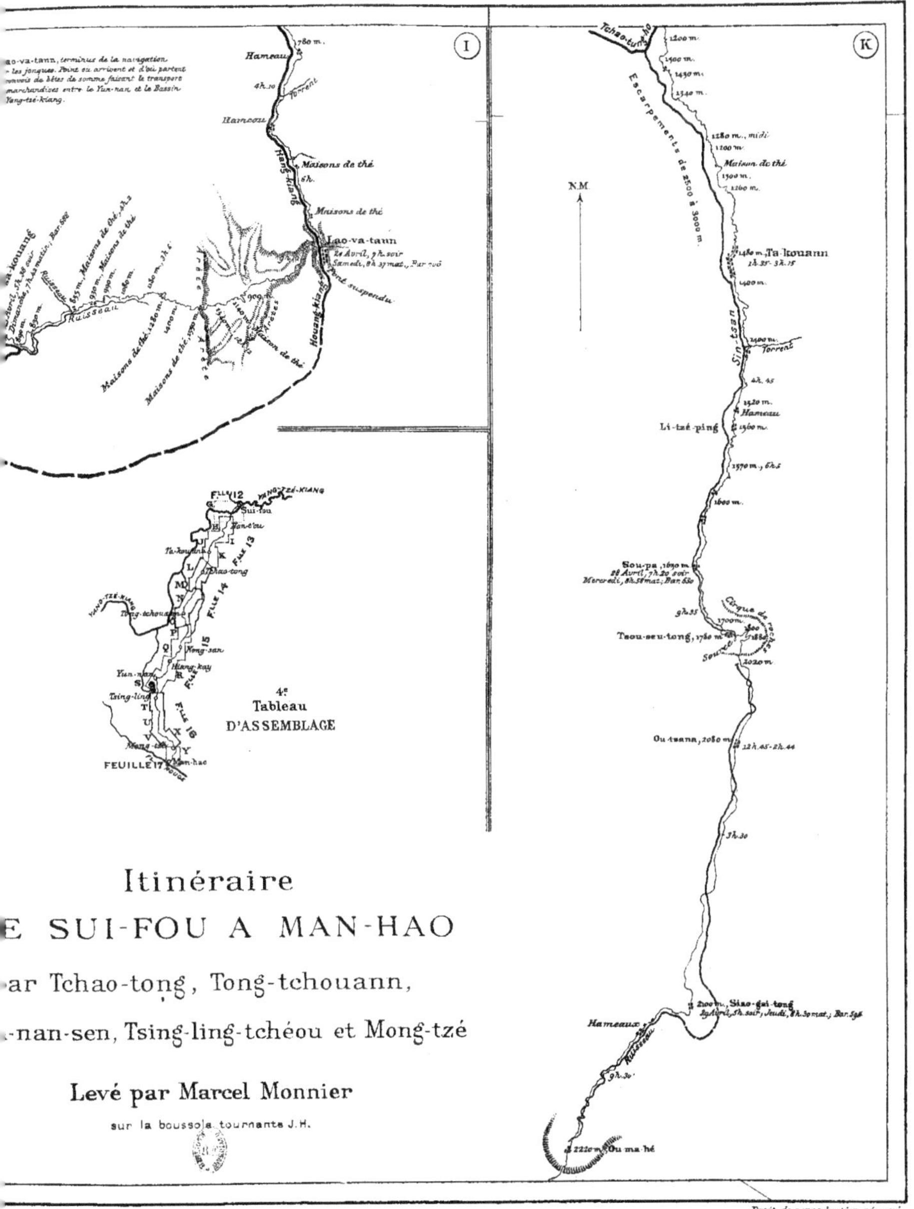

Itinéraire

DE SUI-FOU A MAN-HAO

par Tchao-tong, Tong-tchouann,

Yun-nan-sen, Tsing-ling-tchéou et Mong-tzé

Levé par Marcel Monnier

sur la boussole tournante J.H.

ITINÉRAIRES DU FLEUVE BLEU AU FLEUVE ROUGE par Marcel Monnier, 1896.

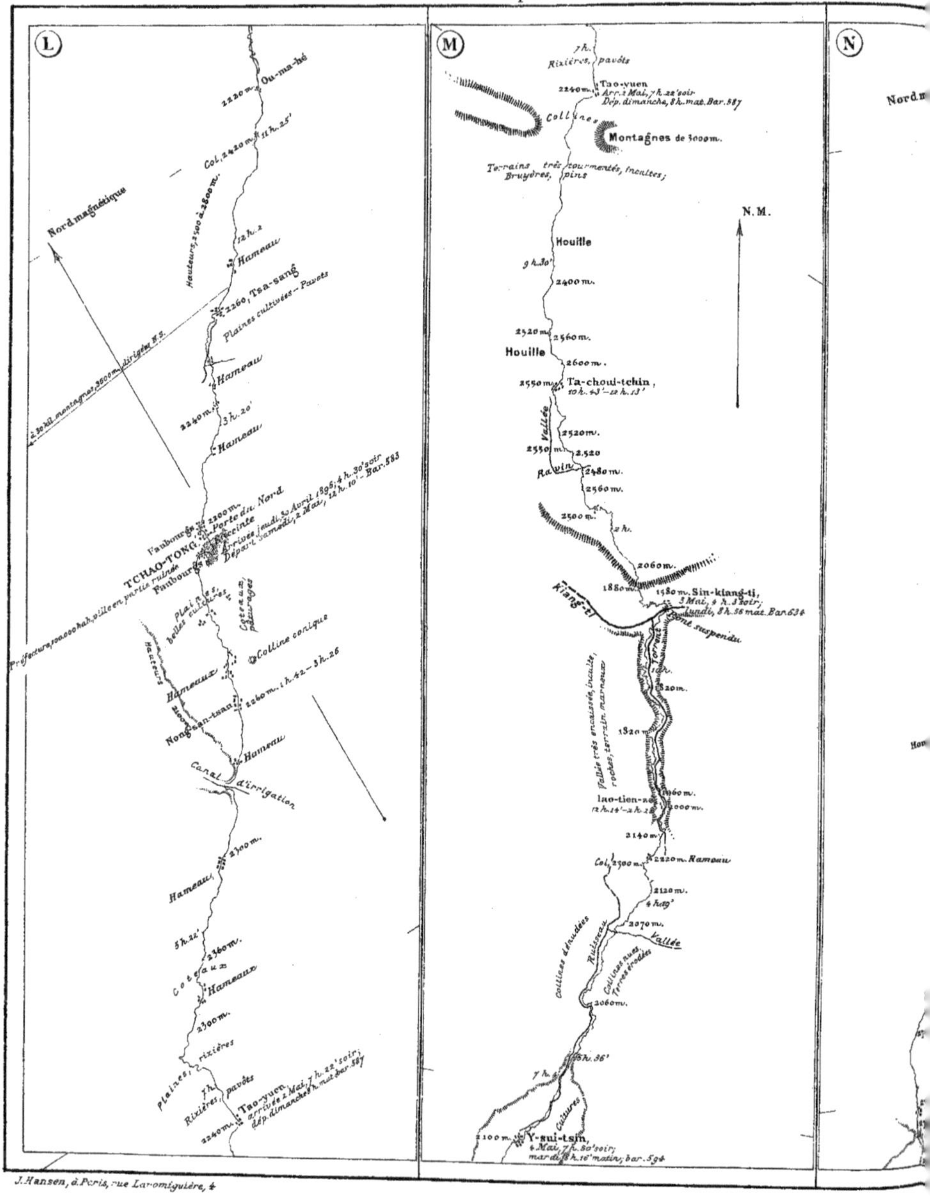

L

Ou-ma-hé
1220 m.
Col, 2420 m., 11 h. 25'
Hauteurs 2500 à 2800 m.
Nord magnétique
12 h. 2
Hameau
2260, Tsa-sang
Plaines cultivées — Pavots
Hameau
2230 m. montagnes, 3000 m. dirigées E. 2
2240 m. 3 h. 20'
Hameau
Faubourg, 2200 m.
Porte du Nord
TCHAO-TONG. Enceinte
Arrivée jeudi, 30 Avril 1895, 4 h. 30' soir
Faubourgs. Arrivée jeudi, 2 Mai, 12 h. 10'. Bar. 583
Préfecture, 100.000 habitants, ville en partie ruinée. Départ samedi, 2 Mai, 12 h. 10'. Bar. 583
Plaines, belles cultures.
Coteaux plats.
Colline conique
Hauteurs
Hameaux
Nong-san-tuan. 2260 m., 1 h. 42 – 3 h. 26
Hameau
Canal d'irrigation
Hameau. 2300 m.
3 h. 22'
2360 m.
Coteaux
Hameaux
2300 m.
rivières
plaines;
Rivières; pavots
7 h.
Tao-yuen, arrivée 2 Mai, 7 h. 22' soir;
dép. dimanche, 8 h. mat. bar. 587
2240 m.

M

7 h.
Rivières, pavots
2240 m. Tao-yuen
Arr. 2 Mai, 7 h. 22' soir
Dép. dimanche, 8 h. mat. Bar. 587
Collines
Montagnes de 3000 m.
Terrains très tourmentés, incultes;
Bruyères, pins
Houille
9 h. 30'
2400 m.
2520 m. 2560 m.
Houille 2600 m.
2550 m. Ta-choui-tchin,
10 h. 43' – 12 h. 13'
Vallée
2520 m.
2550 m. 2.520
Ravin 2480 m.
2560 m.
2500 m.
12 h.
2060 m.
1880 m. 1580 m. Sin-kiang-ti,
3 Mai, 4 h. 5 soir;
Lundi, 8 h. 55 mat. Bar. 636
Kiang-ti
Pont suspendu
Torrent
Vallée très encaissée, incultes,
rochers, terrain marneux
1320 m.
1320
lao-tien-ngaï,
12 h. 14' – 2 h. 28
1960 m.
2000 m.
2140 m.
2320 m. Hameau
Col, 2300 m.
2120 m.
4 h. 59'
Ruisseau
2070 m. Vallée
Collines dénudées
Collines nues, Terres érodées
2060 m.
5 h. 36'
7 h. 5
Cultures
2100 m. Y-sui-tsin,
4 Mai, 7 h. 30' soir;
mardi, 8 h. 10' matin; bar. 594

N

Nord m

Hou

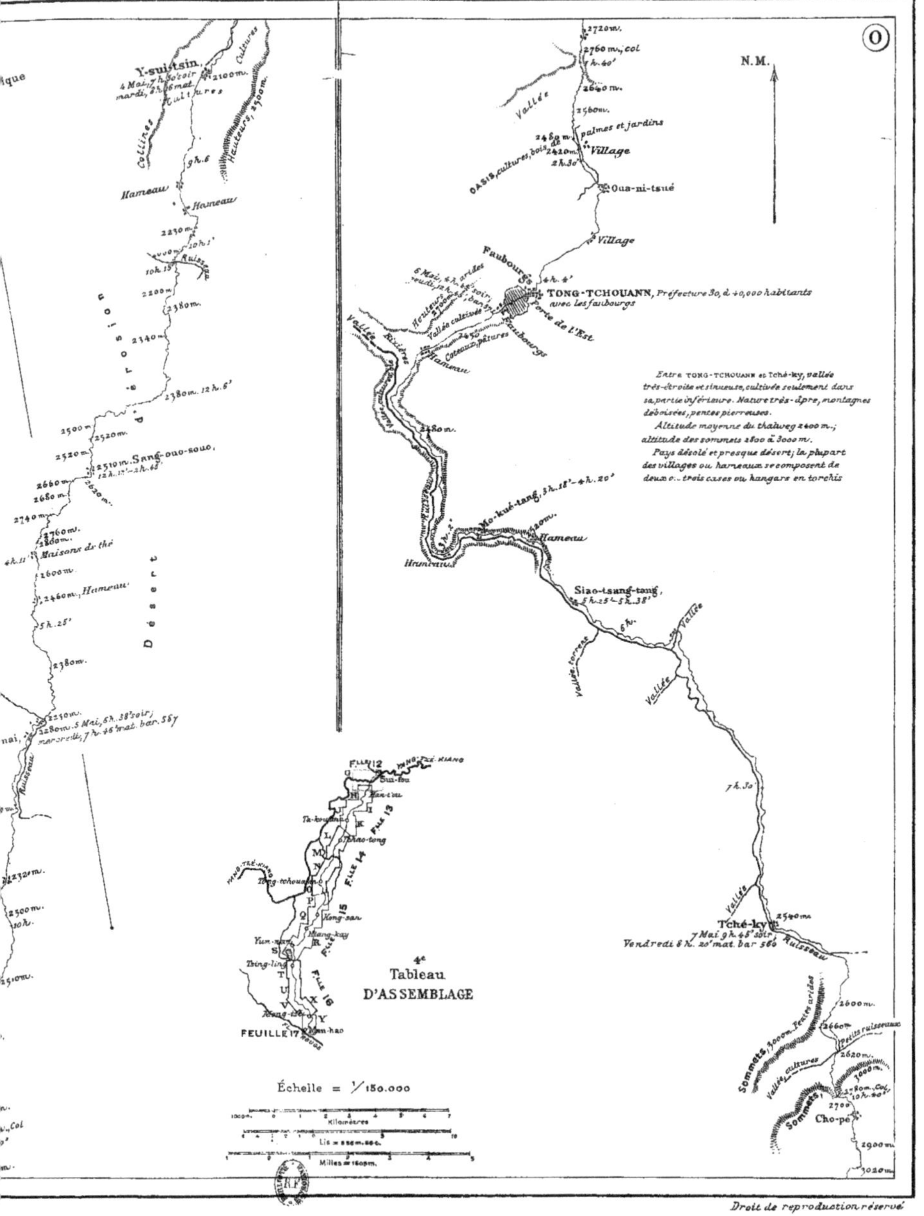

N.M.
Y-suitsin.
4 Mai, 7 h. 30 soir
mardi, 8 h. 36 mat.
Cultures 2100m.
Hameau
Hameau
Collines
Hauteurs 2900m.
gh.8
2230m.
10h.15
Ruisseau
10h.1
2200m.
2380m.
2340m.
2380m. 12h.6'
2500m.
2520m.
2520m.
2510m. Sang-ouo-souo.
12h.11'-2h.45
2620m.
2660m.
2680m.
2740m.
2760m.
2800m.
4h.11 Maisons de thé
2600m.
2460m. Hameau
5h.25'
2380m.
Désert
Érosion
2250m.
2280m. 5 Mai, 6h.38'soir;
mercredi, 7h.46'mat. bar. 587
nai,
2420m.
2300m.
10h.
2510m.
m.
2720m.
2760m., col
4h.40'
2640m.
2560m.
2480m. palmes et jardins
2420m. Village
2h.30'
OASIS cultures, bois de
Oua-ni-tsué
Village
Faubourgs
5 Mai, 4h.arides
jeudi, 12h.54'soir;
2300m. 1 ban
4h.4'
TONG-TCHOUANN, Préfecture 30, à 40,000 habitants
avec les faubourgs
Porte de l'Est
Hauteurs
Vallée cultivée
Faubourgs
Vallée
Rivière
Coteaux, pâtures
Hameau
1380m.
Ho-kuä-tang, 3h.18'-4h.20'
2120m.
Hameau
Hameaux
Siao-tsung-tang,
5h.25'-5h.38'
6h.
Vallée torrent
Vallée
Vallée
7h.30
Entre TONG-TCHOUANN et Tché-ky, vallée
très-étroite et sinueuse, cultivée seulement dans
sa partie inférieure. Nature très-âpre, montagnes
déboisées, pentes pierreuses.
Altitude moyenne du thalweg 2400 m.;
altitude des sommets 2800 à 3000 m.
Pays désolé et presque désert; la plupart
des villages ou hameaux se composent de
deux ou trois cases ou hangars en torchis
F.lle 12
YANG-TSÉ-KIANG
Sui-fou
Nan-tu
Ta-kouann
Hiao-tong
F.lle 13
F.lle 14
HING-TSÉ-KIANG
Tong-tchouan
F.lle 15
4e
Tableau
D'ASSEMBLAGE
Kang-san
Yun-nan
F.lle 16
Hang-kay
Tsing-ling
Kiang-tié
FEUILLE 17
Man-hao
Tché-ky
2540m.
7 Mai, 9h.45'soir
Vendredi 8 h. 20'mat. bar 560
Ruisseau
Sommets 3000m. Terres arides
Vallée cultures
2600m.
2660m.
Petits ruisseaux
2620m.
2000m.
2780m., Col
10h.40'
2700m.
Cho-pé
2900m.
Sommets
3020m.
Échelle = 1/150.000
Kilomètres
Lis = 576m.566.
Milles = 1609m.

ITINÉRAIRES DU FLEUVE BLEU AU FLEUVE ROUGE par Marcel Monnier, 1896

S   T

4e
Tableau
D'ASSEMBLAGE

YUNNAN-SEN capitale du Yunnan

Nord magnétique

Échelle = 1/150.000

Kilomètres

Lis = 554m.56c.

Milles = 1909m.

Tsing-ling-tchéou

Houa-lo-tsen

Yang-soui-tsé

Pagode et M^son de thé. Col, 1680m.

L A C   D E   Y U N N A N   S E N

Ta-pann-tsiao

Maison de thé

Tombeaux

Pagode

Collines

N.M.

ITINÉRAIRES DU FLEUVE BLEU AU FLEUVE ROUGE par Marcel Monnier, 1896

U

Village   Rizières

Kiang, 3h. 43' - 4h. 30'

Hameau

Ruisseau

Kay-min-kiao,
Arrivée 19 Mai, 5h. 44' soir
Départ, mercredi 7h. 35 mat., bar 591

Village
Hameau
Tombes
Village   9h. 8'
2400 m.

Maison de thé, 2260
9h. 45'-10h. 47'

2310 m.
2380 m.

Tien-sou-pa,
12h. 7' - 2h. 3'

2400 m.

Village
2300 m.
5h. 3'

2250 m., Village

N. M.

LAC DE TONG-HAY

Tong-hay,
Arrivée 20 Mai, 6h. 55 soir
Départ, jeudi, 9h. 37' mat, bar 588

Vallée
10h. 30'
Col, 2360 m.
Pagode dans le roc
2150 m.
Plateau
2300 m., Col, 12h.
2220 m.
2190 m.
Village   2000 m.
1800 m.
Yen-tin-po
Tong-kay-tré, 3h. 38'-4h. 5'
Grande vallée
Est - Ouest   1740 m., Pont de chevalets
Village   Bourg
Torrent

V

Bourg   Torrent
1780 m.
1980 m.
Bourg   21 Mai, 8h. 10'soir
Départ, vendredi, 8h. 4'matin
1840 m.
Hameau
Plateau,   Tombes
Rizières   abandonnées
Ancien forêts
1930 m.
10h. 15'
2000 m., Hameau
2180 m.   Ville en ruines
2000 m. Len-siti-ko, 12h. 15'-2h.
Hameau
Hameau
2000 m.   2000 m.
1950 m.
2000 m.
1900 m.
4h. 55'
Sin-fang
Arrivée 23 Mai, 5h. 17'
Départ, samedi, 7h. 30'matin, barromètre 517
Tombes
sépultures
Anciennes   9h.   Village
Tour pagode
Maison de thé, 11h. 34'-11h. 45
12h.
Village
1760 nv. Mien-tien, 12h. 25'-2h. 5'
Hameau
1820 m.
1750 m.
1830 m., Village
1640 m.
1700 m., 2h. 15'
1650 m.
6h. 5'   1800

Yun-nan
Thing-lin
4e
Tableau
D'ASSEMBLAGE

J. Hansen, à Paris, rue Laromiguière, 4.

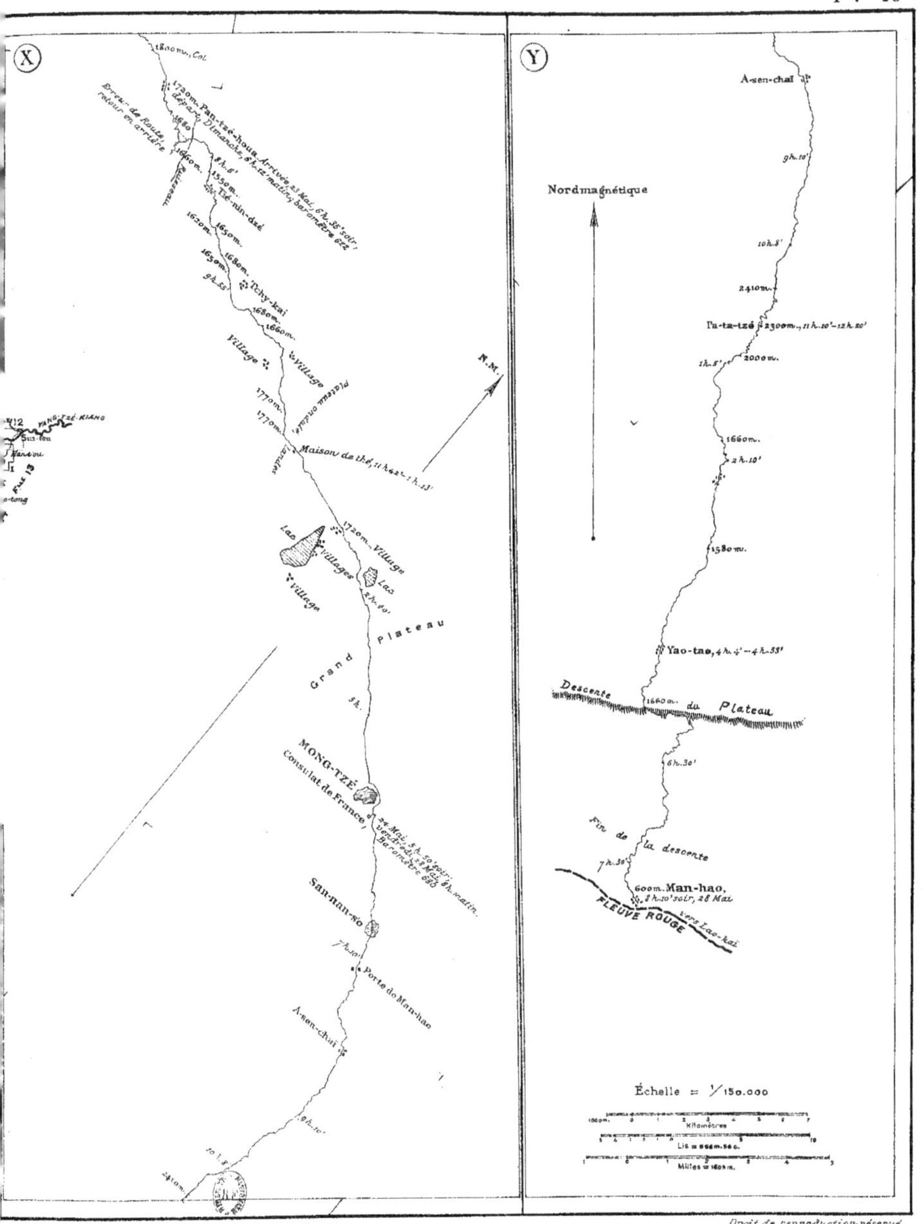
X
1800m., Col
1720m. Pan-tzé-houa. Arrivée 23 Mai, 6 h. 38 soir
Dérect.n de Route, départ Dimanche, 6 h. 12 matin, baromètre 622
retour en arrière
1680
1660m.
1550m.
1620m.
1650m.
1650m. Tsé-nin-dzé
8 h. 5'
1630m.
1680m.
9 h. 55
1680m.
1660m. Tchy-kai
Village
Village
Plateau ondulé
1770m.
1770m.
YANG-TZÉ-KIANG
Sui-fou
Maison de thé, 11 h. 22' — 1 h. 13'
N.M.
Lao
1720m. Village
Village
Villages
Lao
2 h. 40'
Village
Plateau
Grand
5 h.
MONG-TZÉ
Consulat de France
24 Mai, 5 h. 30 soir
départ, 25, 8 h. matin
baromètre 658
San-nan-so
7 h. 30'
la Porte de Man-hao
A-sen-chai
9 h. 10'
Y
A-sen-chai 9 h.
9 h. 10'
Nord magnétique
10 h. 8'
2410m.
Tu-ta-tzé 2300m., 11 h. 10'-12 h. 20'
1 h. 5'   2000m.
1660m.
2 h. 10'
1580m.
Yao-tao, 4 h. 4' — 4 h. 55'
Descente   1660m.   du   Plateau
6 h. 30'
Fin de   la descente
7 h. 30'
600m. Man-hao
8 h. 10' soir, 28 Mai
FLEUVE ROUGE   vers Lao-kai
Échelle = 1/150.000
Kilomètres
Lis = 55 cm. 56 c.
Milles = 180 m.
Droit de reproduction réservé

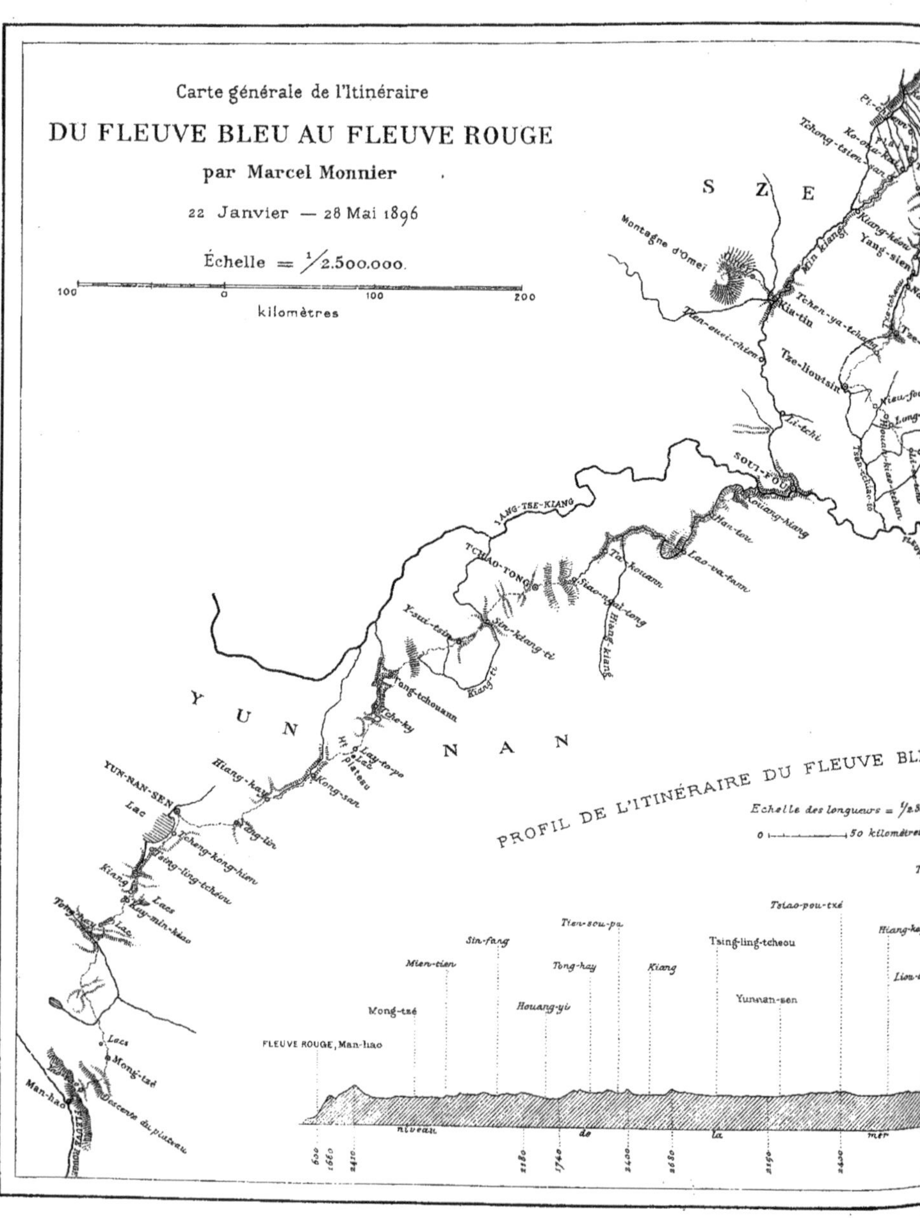

Carte générale de l'Itinéraire
DU FLEUVE BLEU AU FLEUVE ROUGE
par Marcel Monnier
22 Janvier — 28 Mai 1896
Échelle = 1/2.500.000.
100
0
100
200
kilomètres
S Z E
Montagne d'Omei
Tchong-tsien-san
Ko-chu-K
Pi
Min-kiang
Kiang-kéou
Yang-sien
Kia-tin
Tchen-ya-tcheou
Tze
Pien-ouei-chien
Tze-lioutsin
Nieu-fou
Li-tchi
Lung
Tsao-kiao-kan
SOU-FOU
Louang-kiang
YANG-TSE-KIANG
Han-tou
Lao-va-tan
Tu-kouan
T'CHAO-TONG
Siao-kai-tong
Y-sui-tsin
Houang-kiang
Sin-kiang-ti
Kiang-ti
YUN
Tong-tchouann
Che-ky
NAN
Lay-to-po
Ho-siay
plateau
YUN-NAN-SEN
Hiang-kay
Kong-san
Lac
Yang-tin
Tcheng-kong-hien
Tsing-ling-tcheou
Kiang
Lacs
Koy-min-kiao
Lac
Lacs
Mong-tzé
Man-hao
Descente du plateau
PROFIL DE L'ITINÉRAIRE DU FLEUVE BL
Échelle des longueurs = 1/2.5
0
50 kilomètres
Tsiao-pou-txé
Sin-fang
Tien-sou-pa
Tsing-ling-tcheou
Hiang-ka
Mien-tien
Tong-hay
Kiang
Liou-
Mong-tzé
Houang-yi
Yunnan-sen
FLEUVE ROUGE, Man-hao
niveau
de
la
mer
600
1620
2410
2180
1740
2400
2680
2550
2070

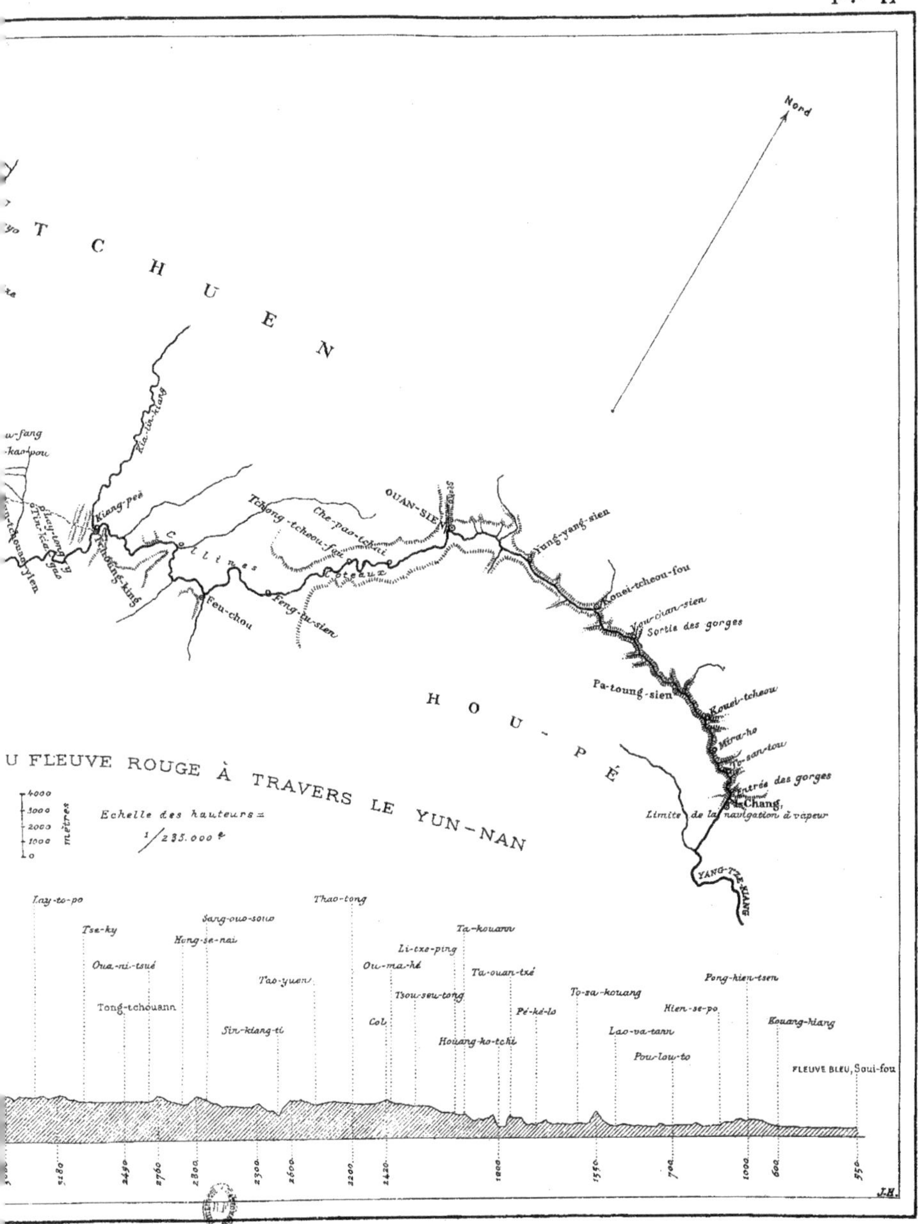
Nord
TCHUEN
HOU-PÉ
Kia-tin-kiang
w-fang
.kao-pou
Kiang-Pea
Tchong-king
Collines
Tchong-tcheou-fou
Che-pao-tchai
OUAN-SIEN
Yung-yang-sien
Kouei-tcheou-fou
Your-ouan-sien
Sortie des gorges
Coteaux
Feu-chou
Feng-tu-sien
Pa-toung-sien
Kouei-tcheou
Mira-ho
To-san-tou
Entrée des gorges
I-Chang,
Limite de la navigation à vapeur
YANG-TSE-KIANG
U FLEUVE ROUGE À TRAVERS LE YUN-NAN
Echelle des hauteurs =
1/235.000
4000
3000
2000
1000
0
mètres
Lay-to-po
Thao-tong
Tse-ky
Sang-ouo-souo
Ta-kouann
Oua-ni-tsué
Hong-se-nai
Li-tze-ping
Ta-ouan-txé
Ou-ma-hé
Pong-hien-tsen
Tao-yuen
Tsou-seu-tong
To-za-kouang
Tong-tchouann
Pé-ké-lo
Hien-se-po
Kouang-kiang
Sin-kiang-ti
Col
Lao-va-tann
Houang-ko-tchi
Pou-lou-to
FLEUVE BLEU, Soui-fou

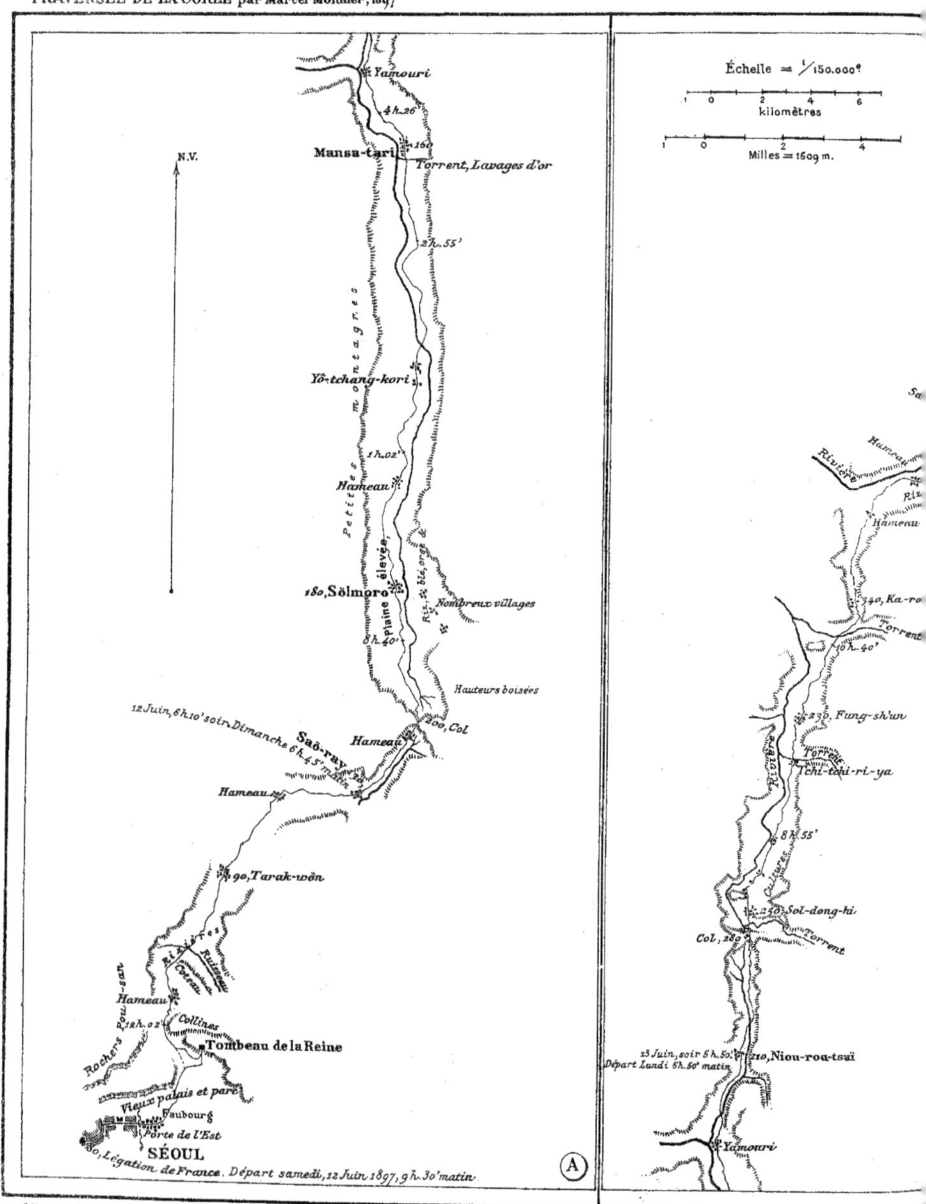
Échelle = 1/150.000e
kilomètres
Milles = 1609 m.
N.V.
Yamouri
4h.26
Mansa-tari
160
Torrent, Lavages d'or
2h.55'
Yŏ-tchang-kori
1h.02'
Hameau
Petites montagnes
Plaine élevée
Riz, blé, orge &
180, Sŏlmoro
Nombreux villages
8h.40'
Hauteurs boisées
12 Juin, 6h10'soir Dimanche 6h.45'matin
Saŏ-ray
100, Col
Hameau
Hameau
90, Tarak-wŏn
Rivières
Rochers Pou-san
12h.02'
Collines
Hameau
Tombeau de la Reine
Vieux palais et parc
Faubourg
Porte de l'Est
SÉOUL
Légation de France. Départ samedi, 12 Juin 1897, 9h.30'matin
A
Rivière
Hameau
Riz
Hameau
340, Ka-ro
Torrent
10h.40'
230, Fung-sh'un
Torrent
Chi-tchi-ri-ya
8h.55'
Collines
240, Sol-dong-hi
Col, 280
Torrent
13 Juin, soir 5h.50. 210, Niou-rou-tsaï
Départ Lundi 5h.50 matin
Yamouri

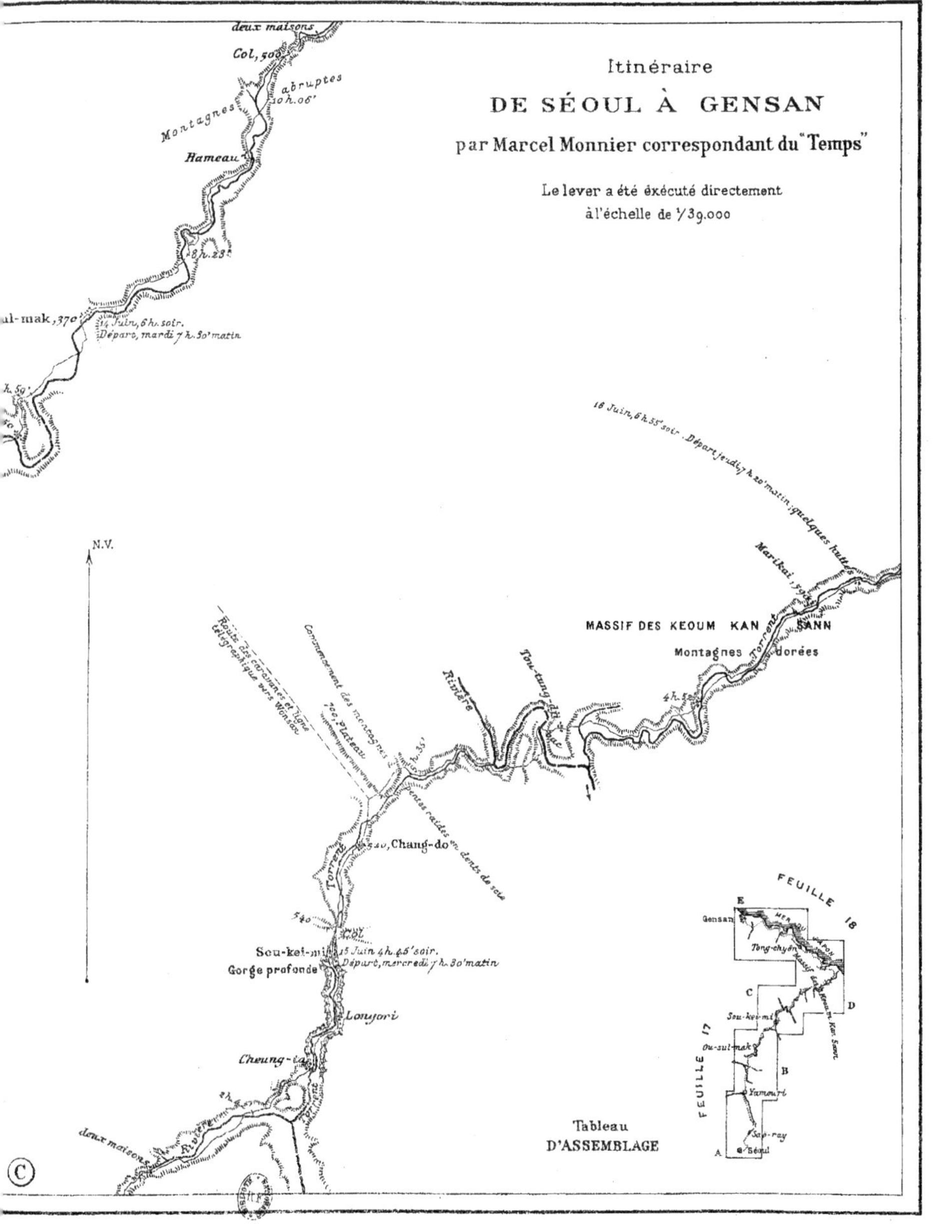

deux maisons
Col, 500
abruptes
Montagnes 10h.06'
Hameau
8h.23'
ul-mak, 370
14 Juin, 6h. soir.
Départ, mardi 7h. 30'matin.
h. 50'
N.V.
18 Juin, 6h.55' soir. Départ, jeudi, h. 30'matin. quelques huttes
Marikai
Itinéraire
DE SÉOUL À GENSAN
par Marcel Monnier correspondant du "Temps"
Le lever a été éxécuté directement
à l'échelle de 1/39.000
MASSIF DES KEOUM KAN SANN
Montagnes dorées
Torrent
4h. 50'
Route de caravane et de ligne
télégraphique vers Wonsan
Commencement des montagnes
700, Plateau
Rivière
Tou-tung-dju
h. 35'
Torrent
dents de scie
540, Chang-do
540
W.01
Sou-kei-mi 15 Juin 4h. 45' soir.
Gorge profonde Départ, mercredi 7h. 30'matin.
Lonjori
Cheung-la
deux maisons Rivière
FEUILLE 18
E
Gensan MER
Tong-chyên
C
D
Sou-kei-mi
Ou-sul-mak
B
Yamourt
FEUILLE 17
Sap-ray
A Séoul
Tableau
D'ASSEMBLAGE

TRAVERSÉE DE LA CORÉE par Marcel Monnier, 1897

D E

Tong-chyön

Plaines

Rizières

pâturages, blé

MER DU JAPON

Salines

Pêcheries

Grèves

Tou-pok-y

8h.52'

Rizières

4h.53'

Torrent

20 Juin, 5h.25' soir. Dép. lundi, 6h.55' mat.

Douan[e]

22 Juin, 6h.42' soir

W

N.V.

3h.04'
Col

Montagnes

à

Hiemo

petites

Pêcheries

10h.

Marais salant

Tiang-dyong

raides

MASSIF DES KEOUM KAN SANN,

rochers
800 m.

Monastère Sin-kyei-sö, 80.°±
19 Juin, 6h.32' soir, départ dimanche, 5h.55 matin

Cirque de
rochers à

Torrent

7h.55'

3h.40'

17 Juin, 4h.25'soir. Départ vendredi 5h.55 matin.

Monastère Chang-an-sö.

Mre Pi-youn-sö.

montagnes en dents de scie

9h.31' 9h.

Cirque de rochers, 140 m.

580, Monastère Yuchom-sö.
18 Juin, 1h.30' soir. Départ samedi, 5h.55' matin.

9h.59 - 10h.07'

2h.

Rivière

Col Tang-pa-ryong

Cabane

Pouk-tchang

maisons

12h.02'

Col Mou-sen-niang ou Am-moun-saï,
arête principale

vue de la mer

590, Marikaï

Juin, 6h.55'soir. Départ, Jeudi, 7h.20' matin; quelques huttes

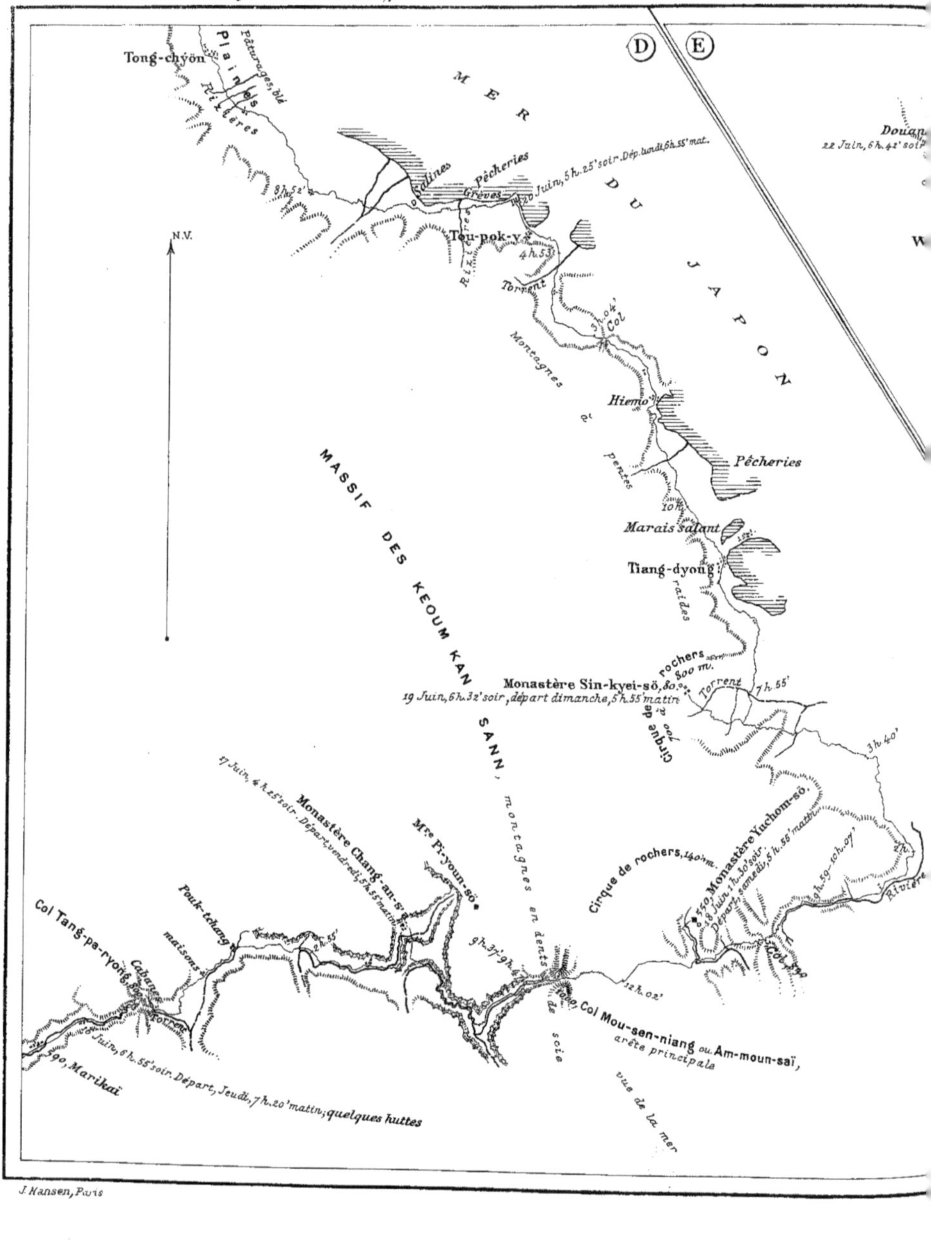

J. Hansen, Paris

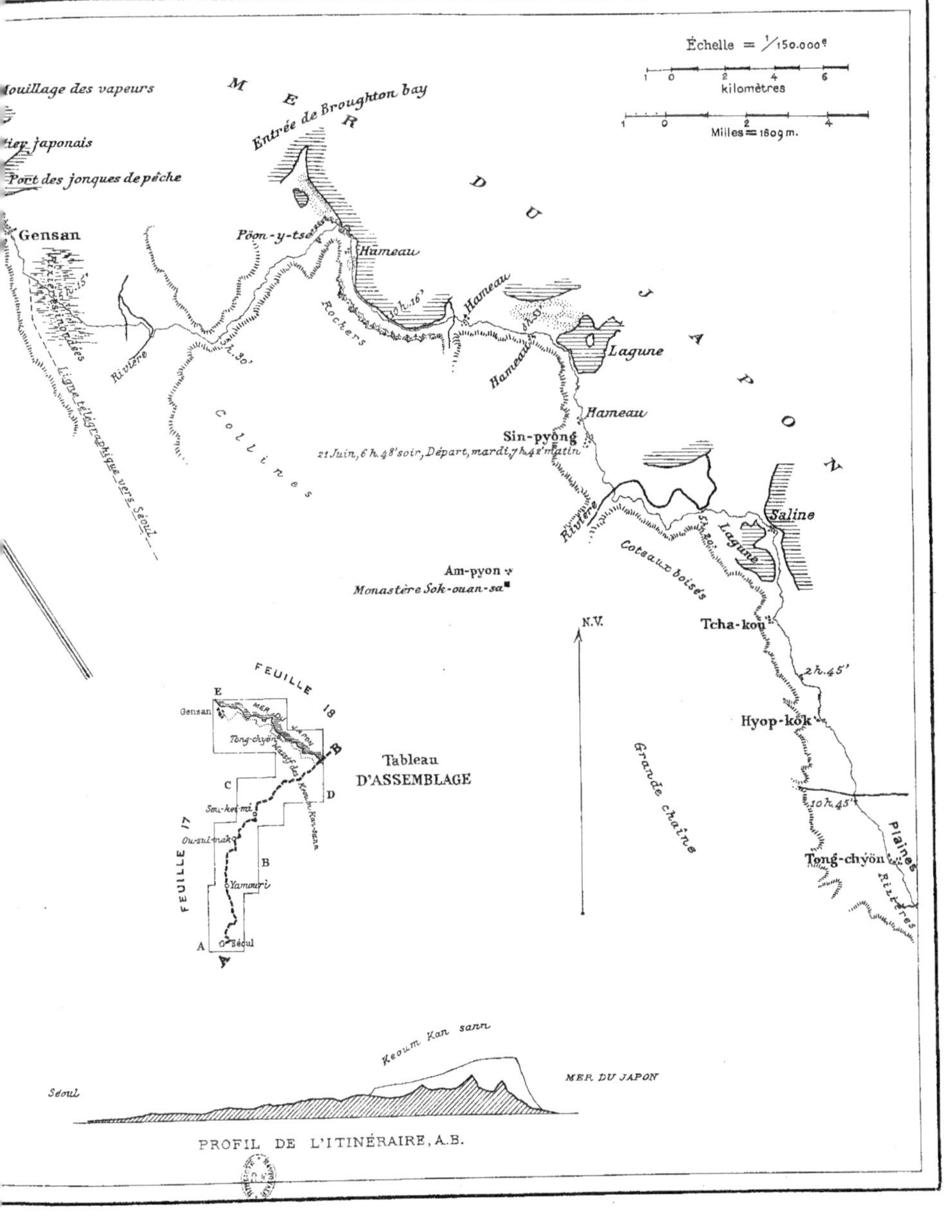
Échelle = 1/150.000e
kilomètres
1 0 2 4 6
Milles = 1609 m.
1 0 2 4
Mouillage des vapeurs
tier japonais
Port des jonques de pêche
Gensan
MER DU JAPON
Entrée de Broughton bay
Pöon-y-tse
Hameau
Rockers
Hameau
3 h. 16'
3 h. 30'
Hameau des
Lagune
Collines
Hameau
Sin-pyöng
21 Juin, 6 h. 48' soir, Départ, mardi, 7 h. 42' matin
Rivière
Ligne télégraphique vers Séoul
Rivière
Saline
Coteaux boisés
Lagune
Am-pyon
Monastère Sok-ouan-sa
N.V.
Tcha-kou
2 h. 45'
Hyop-kök
Grande chaîne
10 h. 45'
Plaines
Rizières
Tong-chyön
FEUILLE 18
FEUILLE 17
E
Gensan
MER DU JAPON
Tong-chyön
Massif des Keum-Kan-Sann
B
C
D
Sou-koi-mi
Ou-sui-mako
B
Yamouri
A
Séoul
Tableau
D'ASSEMBLAGE
Keoum Kan sann
Séoul
MER DU JAPON
PROFIL DE L'ITINÉRAIRE, A.B.

DES PLATEAUX MONGOLS AU TURKESTAN

Ourga, Karakoroum, Kobdo, Monts Altaï, Steppes kirghises, Issikoul, Ferganah

Échelle = $\frac{1}{750.000}$

0 ———————————— 60 kilomètres

Dressé par J.Hansen

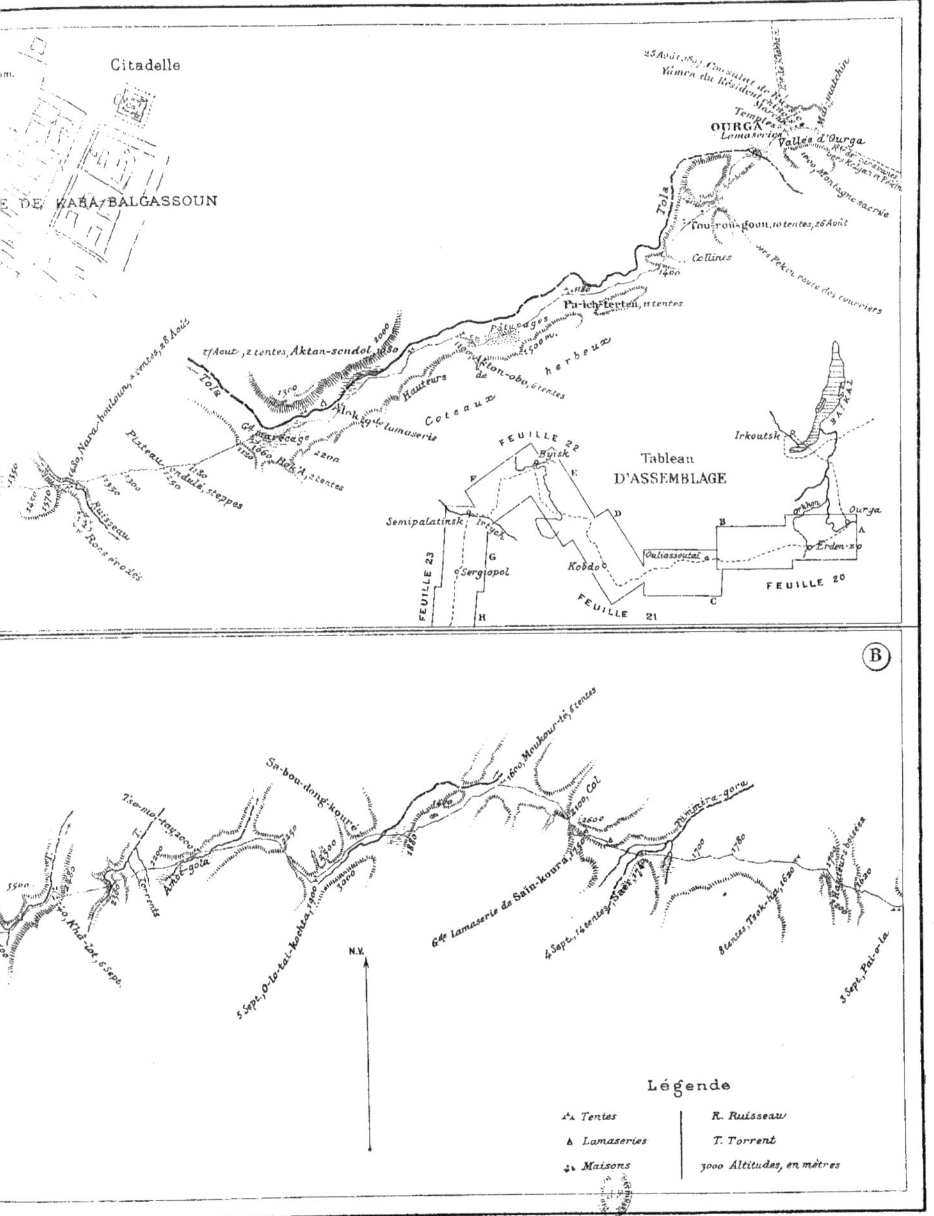
Citadelle
E DE KARA-BALGASSOUN
Tola
25 Août 1891, Consulat de Russie
Yamen du Résident chinois
Marché
Temples
OURGA
Lamaseries
Vallée d'Ourga
Montagne sacrée
Tou-rou-goun, 10 tentes, 26 Août
Collines
vers Pékin, route des courriers
Pa-ich-tertei, 11 tentes
Pâturages
1500 m.
herbeux
27 Août, 2 tentes, Aktan-sendol
2000
Hauteurs
Alton-obo, 6 tentes
de
Coteaux
1500
Hok
de lamaserie
Gd marécage
1660 Bek-li, 2 tentes
Pixteau
Ondalé, steppes
Ruisseau
Rocs érodés
Nara-houloun, 4 tentes, 28 Août
BAIKAL
Irkoutsk
Tableau
D'ASSEMBLAGE
FEUILLE 22
Byisk
F
E
D
Semipalatinsk
Irtych
FEUILLE 23
G
Sergiopol
Kobdo
Ouliassoutai
Orkhon
Ourga
A
Erden-zo
B
FEUILLE 20
C
FEUILLE 21
H
B
Moukour-té, 5 tentes
1600
Sa-bou-dong-kouré
Col
2600
Toumtra-gora
Tso-mo-tokseo
Amot-gola
6de Lamaserie de Sain-koura
8 tentes, Tsok-téé, 1690
Kha-zot, 6 Sept.
Torrents
5 Sept, O-lo-tai-kerhta
4 Sept, 14 tentes, Saen-zé
3 Sept, Pai-o-la
N.V.
Légende
Tentes   R. Ruisseau
Lamaseries   T. Torrent
Maisons   3000 Altitudes, en mètres

ITINÉRAIRES EN ASIE par Marcel Monnier, Août, 1897 – Avril 1898

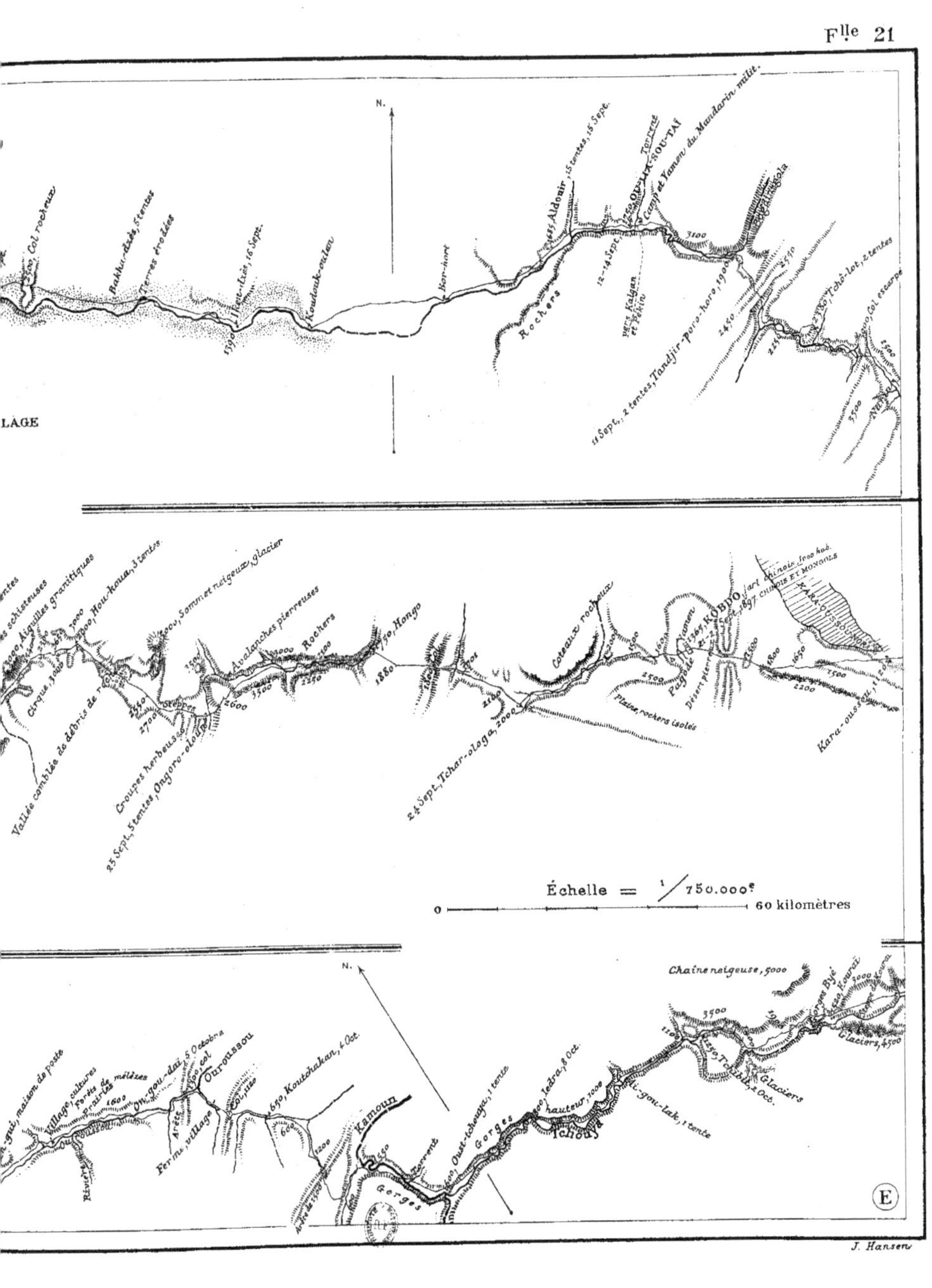
N.
LAGE
Col rocheux
Bakhurdik, 5 tentes
Terres troidées
Bou-kert
Rochers
vers Kalgan et Pékin
12-14 Sept., Ouloure
Camp et Yamen du Mandarin milit.
Terrai
KALK-SOU-TAÏ
3100
cho-lot, 2 tentes
Col escarpe
11 Sept., 2 tentes, Tandjir-poro-horo
schisteuses
Aiguilles granitiques
Hou-koua, 3 tentes
Sommet neigeux, glacier
Avalanches pierreuses
Rochers
Hongo
Coteaux rocheux
Yamen
KOBDO
art chinois
CHINOIS ET MONGOLS
KARA-OUSSOU
Cirque
Vallée comblée de débris de roche
Steppes
Groupes herbeux
25 Sept., 5 tentes, Ougoro-ololo
24 Sept., Tchar-ologa, 2000
Plaine, rochers isolés
Désert pierreux
Kara-oussou
Échelle = 1/750.000
0   60 kilomètres
N.
Chaîne neigeuse, 5000
Byé
Kouraï
Glaciers, 4500
gui, maison de poste
Village, cultures
forêts de mélèzes, prairies
On-gou-daï, 5 Octobre
col
Ouroussou
Koutchahan, 4 Oct.
Kamoun
Ferme, village
Rivière
Gorges
Oust-tchenga, 1 tente
Iedra, 8 Oct.
hauteur 7000
Tchouja
jou-lak, 1 tente
Glaciers
2 Oct.
Gorges
J. Hansen

IRTYCH
150, SEMIPALATINSK
PLAINES UNIES
Lougouskaya
Arkaliakskaïa, 170, 20 Oct.
200
Atchikoulskaïa, 160
140
N.
240, Djertatsky
200
320
Kixil-moula, 21 Oct.
330
Rochers, 800
Rocs érodés, 600
420, Arkatch
800
Plateau onduleux, 500
H

800
Plateau onduleux, 500
Aldjan-ardisky
580, Ousoun-boulak
630
Iekrekiesky
560
NORD
Altin-koulskaïa, 580
22 Oct., Sergiopol
Perdu la route
Ravins
Rochers, terrains érodés
400, Grtedné-äïagouskaïa
Ruisseau
440, Taldi-koudouk
I

G
N.
Bieloglazevo
Bieloglaz
Kalmitzky, 100 à 120
Steppe ondulée
Kourtinsk
Lac Saouchkina, 300
ALTAÏ, cimes neigeuses
250, Rocs érodés
600
150
180, Zmienogorsk
Lac
Voyage de nuit
Ekaterininskaïa, 13 Oct.
300
300
Shemonaeskaïa, 14 Oct.
Krasnoïarskaïa
Ouba
300

G
SEMIPALATINSK, 15 – 19 Octobre
Camp
IRTYCH
PLAINES UNIES
Bouleaux, graniers
Saulaies
Osernaïa
Sables et bruyères
580, Tatilskaïa, 14 Oct.
Village kirghiz
anciens retranchements
Shatilbinskaïa
Pinnoïaskaïa
Fortin, idais kirghiz
Irtych

Buisk
G
Semipalatinsk
N 2
Sergiopol
SACKHACH
FEUILLE
Kara Koïak
23
Viernyi
Tableau D'ASSEMBLA

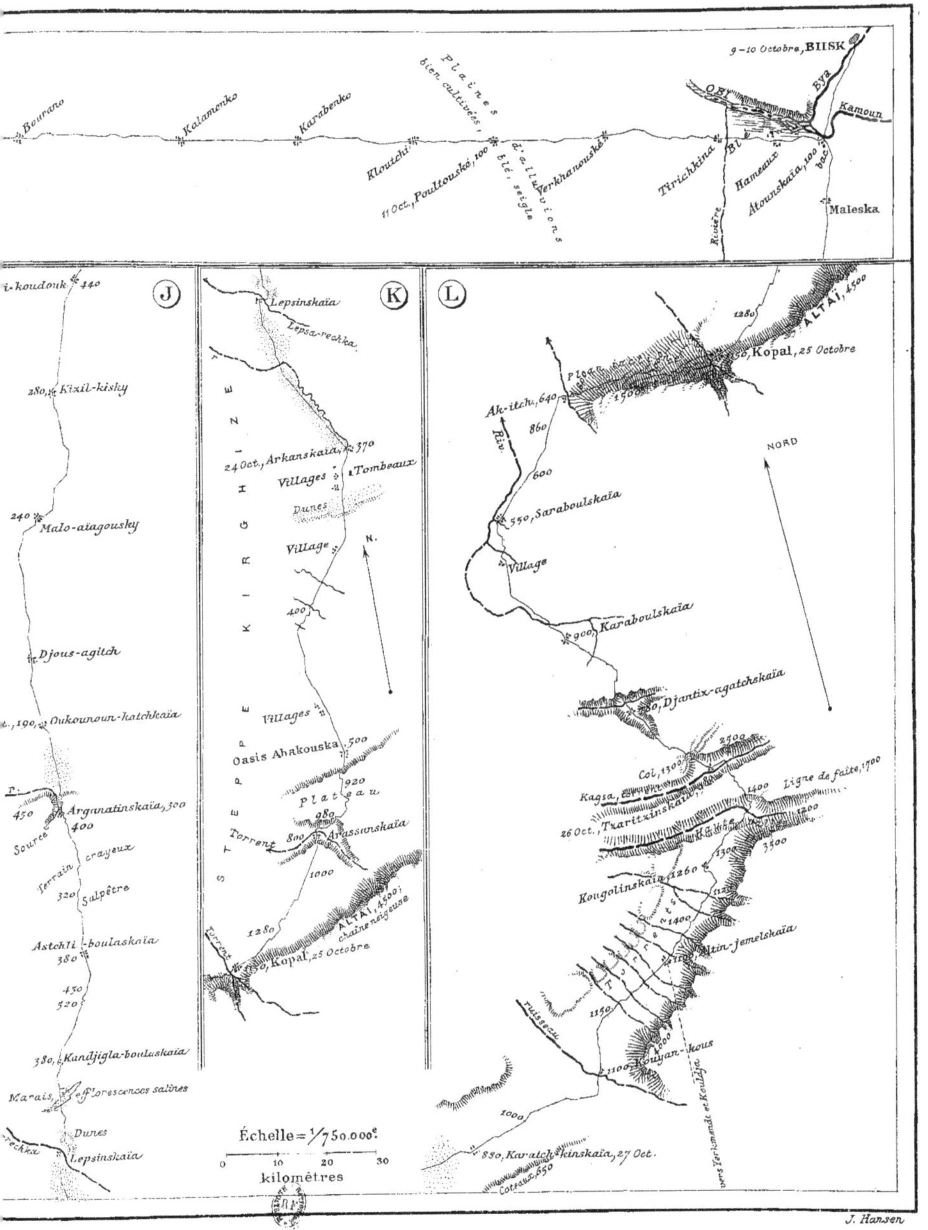

9-10 Octobre, BIISK
OB
Eya
Kamoun
Tirichkina
Bl.
Hameaux
Atounskaïa, 100
Rivière
Maleska
Bourao
Kalamenko
Karabenko
Kloutchi
11 Oct., Poultouské, 100
Verkhanouské
Plaines bien cultivées, d'alluvions, blé seigle
J
i-koudouk, 440
280, Kizil-kishy
240
Malo-aïagousky
Djous-agitch
., 190, Oukounoun-katchkaïa
P.
450
Arganatinskaïa, 300
400
Source
Terrain crayeux
320
Salpêtre
Astchli-boulaskaïa
380
450
520
380, Kandjigla-boulaskaïa
Marais, efflorescences salines
echka
Dunes
Lepsinskaïa
K
Lepsinskaïa
Lepsa-rechka
STEPPE KIRGHIZE
24 Oct., Arkanskaïa, 370
Villages
Tombeaux
Dunes
Village
400
N.
Villages
Oasis Ahakouska, 500
920
Plateau
980
Torrent
800
Arassunskaïa
1000
1280
ALTAÏ, 4500, chaîne neigeuse
Torrent
Kopal, 25 Octobre
L
1280
ALTAÏ, 4500
Kopal, 25 Octobre
Plaine
1500
Ak-itchu, 640
860
Riv.
600
550, Saraboulskaïa
Village
900, Karaboulskaïa
NORD
Djantix-agatchskaïa
2500
Col, 1300
Ligne de faîte, 1700
Kaqsa
1400
26 Oct., Txaritxinskaïa
Haute
1200
1300
3500
Kongolinskaïa, 1260
1400
Altin-jemelskaïa
1150
Ruisseau
1200
1100, Kouyan-kous
1000
vers Terkmandi et Kouldja
880, Karatch kinskaïa, 27 Oct.
Coteaux 650
Échelle = 1/750.000°
0   10   20   30
kilomètres

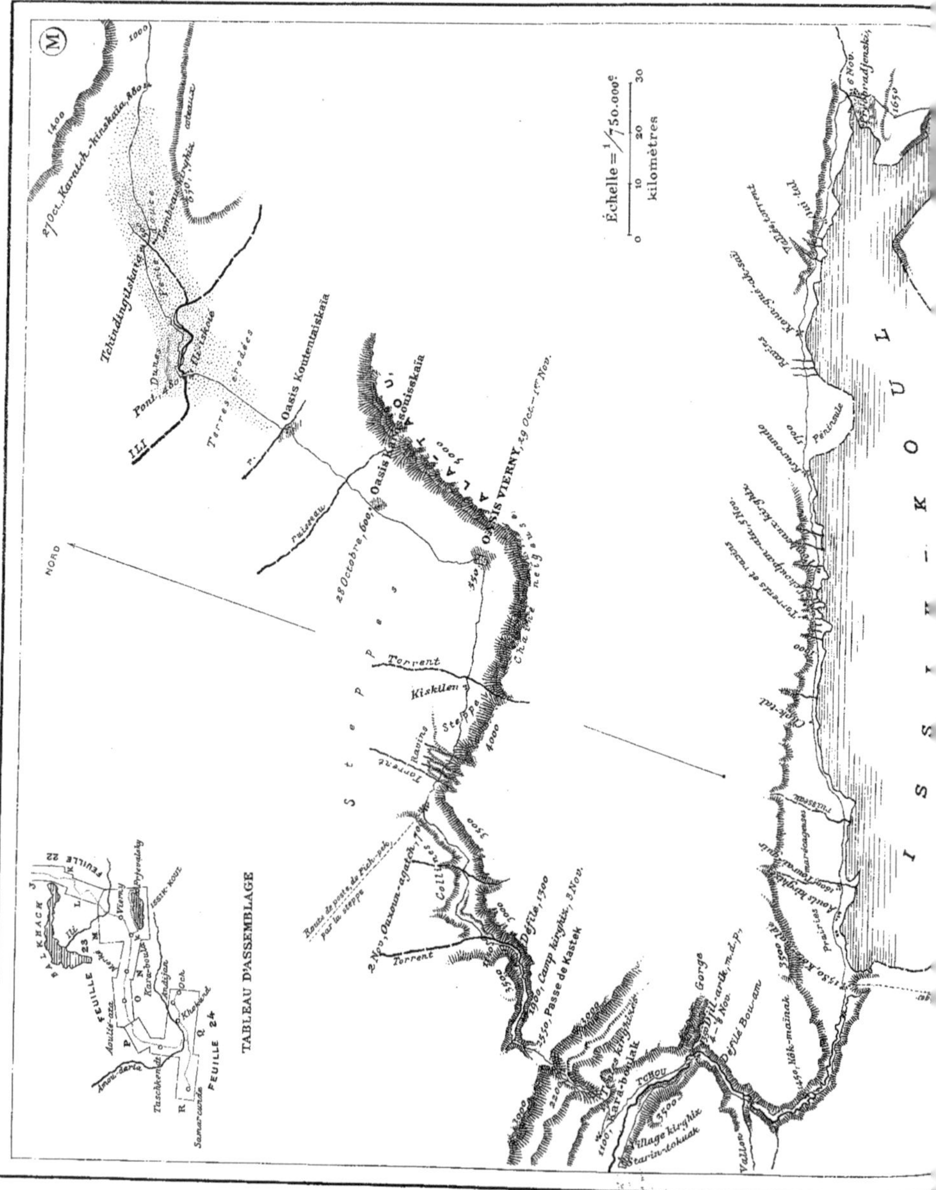
M
Échelle = 1/750.000e
kilomètres
0 10 20 30
NORD
ILI
27 Oct. Karaïch-tinskaïa, 880 m.
Tchindinglskaïa
Pont, 880.
Dunes
Ileïskoïe
Terres erodées
ruisseau
Oasis Koutentaïskaïa
28 Octobre, 600
Oasis Kara-sou
OASIS VIERNY 29 Oct. – 1er Nov.
Oasis Sonbisskaïa
A L A T A U, 4000
Chaîne neigeuse
Steppes
Torrent
Kiskilen
Steppe
Ravine
Torrent
4000
5500
Route de poste de Pich-pek
par la steppe
Col, 2000
2 Nov. Orxour-agatch
Torrent
Défilé, 1500
1900, Camp kirghiz, 3 Nov.
1550, Passe de Kastek
Djil-arik, m.d.P.
4 Nov.
Gorge
Défilé Bou-am
1440, Kök-maïnak
Kara-bulak
TCHOU
Village kirghiz
Starin-tokmak
Vallée
6 Nov.
Tcheradjenski
1650
ISSIK-KOUL
Péninsule
Kuturga
Koun-gui-ala-taou
Tamga
Terres érodées
Kizil-tal
ruisseau
TABLEAU D'ASSEMBLAGE
FEUILLE 22
FEUILLE 23
FEUILLE 24
T A Ï KHACK
ISSIK KOUL
Ili
Vierny
Otani
Karakol
Andijan
Och
Khokand
Osch
Samarcande
Aoulié-ata
Tachkend
Anau-Seria

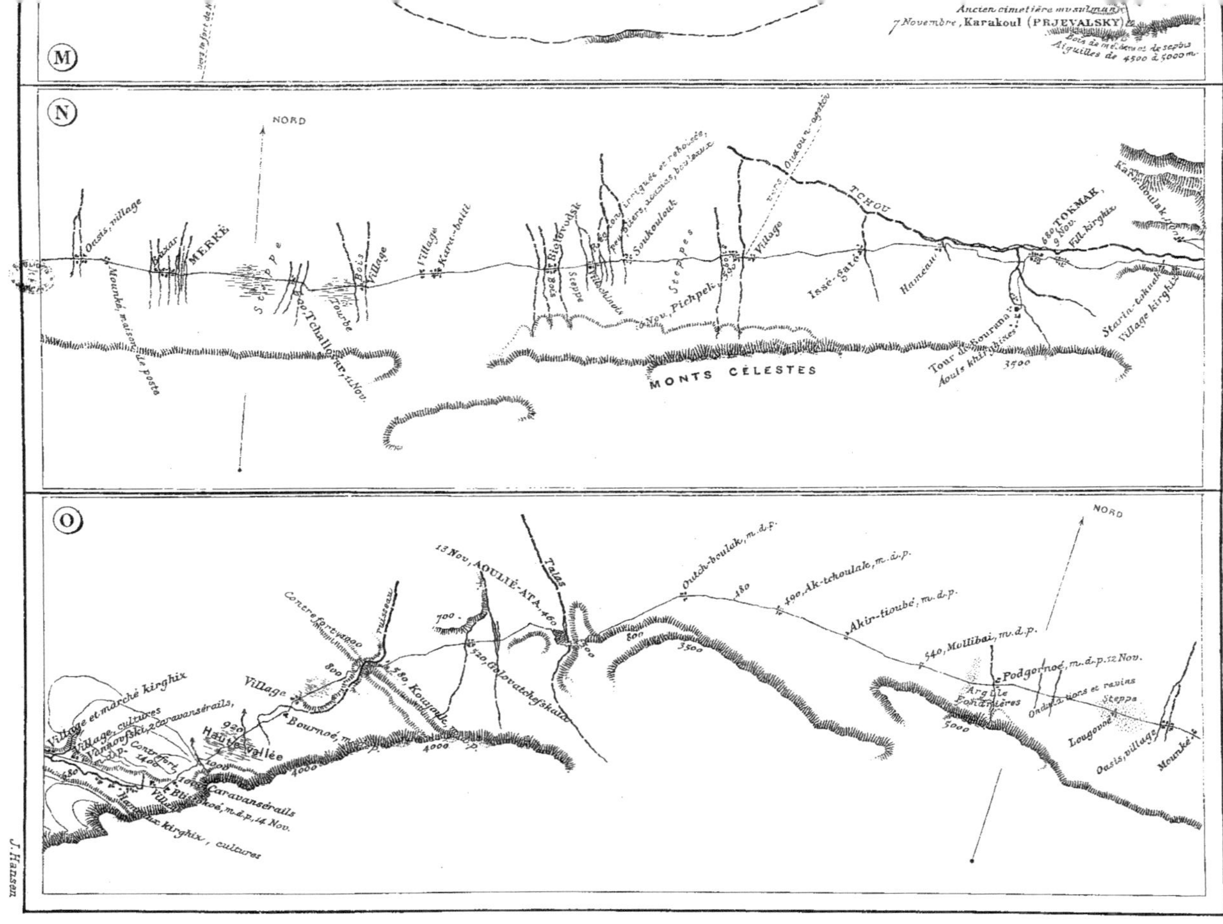
M
Ancien cimetière musulman
7 Novembre, Karakoul (PRJEVALSKY)
Bois de mélèzes et de sapins
Aiguilles de 4500 à 5000 m.

N
NORD
Oasis, village
Mounké, maison de poste
Bazar
MERKÉ
Steppe
600, Tchaldovar, 11 Nov.
Tourbe
Bois
Village
Village
Kara-balti
Bois
Biglovodsk
Steppe
Bibolinsk
Région irriguée et reboisée
Vergers, aulnes, bouleaux
Soukoulouk
Steppes
Pichpek
Villa, Pichpek
Village
Issé-Gata
Hameau
Vers Ouaou c. cosakov
TCHOU
680, TOKMAK, 9 Nov.
Fort kirghis
Karts-boulak
Staria-tchnah
Village kirghis
Tour de Bournac
Aouls kïar ghizes
3500
MONTS CÉLESTES

O
NORD
13 Nov, AOULIÉ-ATA, 460
Talas
Contre-fort, 1000
700
800
520, Golovatchefskaïa
580, Kouïouk
Village
800
Bournoé, m.
920
Vannovski, 2 caravansérails
Haute Vallée
Village et marché kirghix
Village, cultures
Contre-fort
1000
4000
4000
Blin
Caravansérails
Village
Bournoé, m. d. p. 14 Nov.
Village kirghix, cultures
Ruisseau
1000
800
3500
Outch-boulak, m. d. P.
180
400, Ak-tchoulak, m. à. p.
Akir-tioubé, m. d. p.
540, Mullibai, m. d. p.
Podgornoé, m. d. p. 12 Nov.
Argile
Fontaines
Ondulations et ravins
Steppa
5000
Lougovoé
Oasis, village
Mounké
J. Hansen

ITINÉRAIRES EN ASIE par Marcel Monnier, Août 1897 – Avril 1898

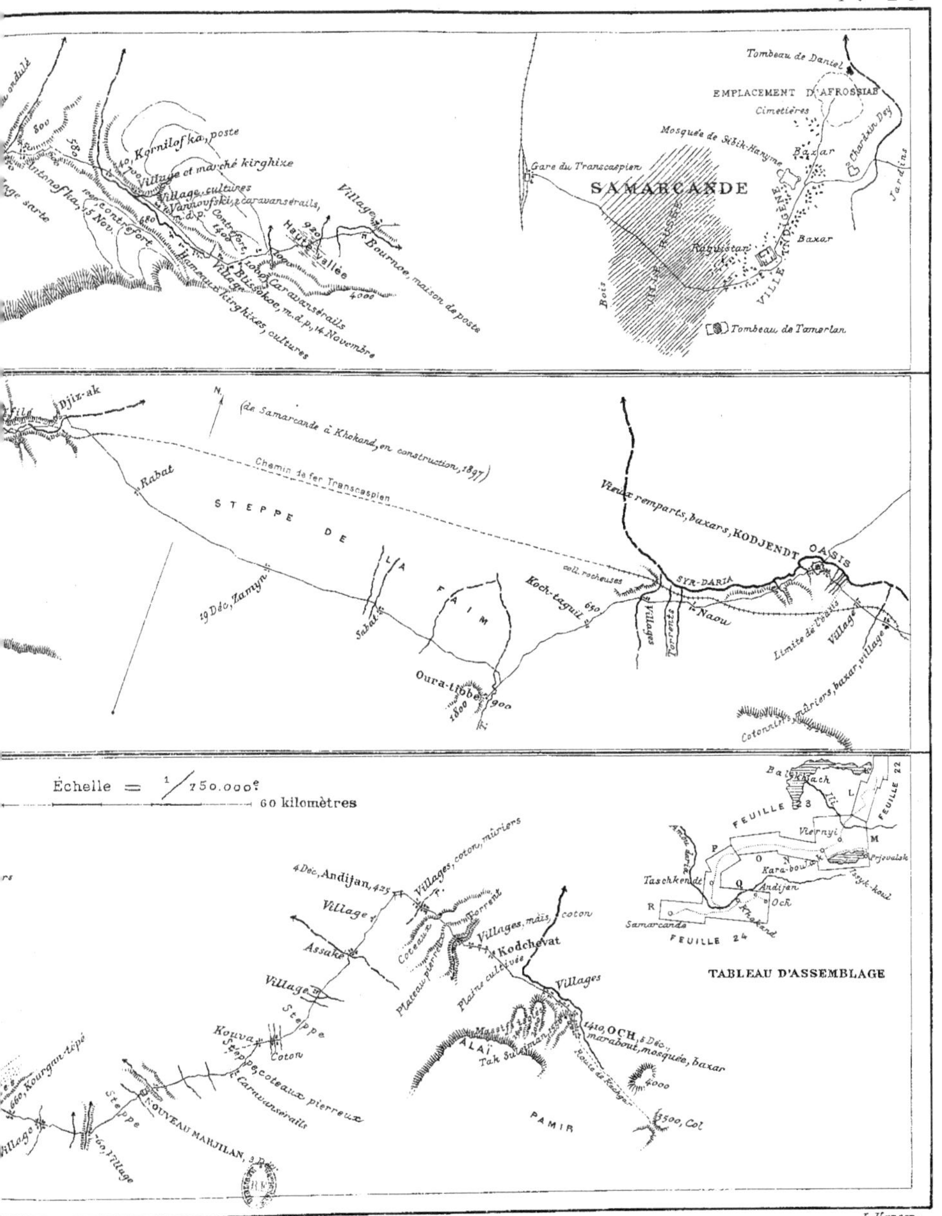
Tombeau de Daniel
EMPLACEMENT D'AFROSSIAB
Cimetières
Mosquée de Sibik-Hanyme
Gare du Transcaspien
SAMARCANDE
Bazar
Charkin Dey
Jardins
Riguistan
Bazar
Bois
VILLE INDIGÈNE
Tombeau de Tamerlan
Kornilofka, poste
Village et marché kirghize
Village, cultures
Vannofski, 2 caravansérails, d.p.
contrefort
contrefort
Haute-Vallée
Bournoe, maison de poste
Village
Caravansérails
Village
Hameau et kirghizes, cultures
Buissok, m.d.P, 14 Novembre
5 Nov.
N.
Djiz-ak
Rabat
(de Samarcande à Khokand, en construction, 1897)
Chemin de fer Transcaspien
STEPPE DE LA FAIM
Vieux remparts, bazars, KODJENDT OASIS
coll. rocheuses
SYR-DARIA
Villages
Naou
Limite de l'oasis
Village
19 Déc, Zamyn
Sabak
Koch-taguit 650
Oura-tiobbe
1800 900
Cotonneries, mûriers bazar, village
Échelle = 1/750.000e
60 kilomètres
4 Déc, Andijan, 425
Villages, coton, mûriers
T.
Village
Torrent
Coteaux
Villages, maïs, coton
Assaké
Kodchevat
Plateau pierreux
Plaine cultivée
Villages
Village
Steppe
Kouva
Steppe
Coton
Coteaux pierreux
Caravansérails
660, Kourgan-tépé
Steppe
NOUVEAU MARJILAN, 3 Déc
60, Village
Village
LAÏ
Tak Suleiman
1410, OCH, 5 Déc
marabout, mosquée, bazar
route de Kachgar
4000
PAMIR
3500, Col
Balkhach
Issyk
FEUILLE 23
FEUILLE 22
Amou Darya
P O N
Viernyi
M
Prjevalsk
Issyk-koul
Taschkend
Kara-bou
Andijan
Och
Samarcande
Khokand
FEUILLE 24
TABLEAU D'ASSEMBLAGE
J. Hansen

ITINÉRAIRES EN ASIE par Marcel Monnier, 30 Décembre 1897 — 26 Mai 1898

Nord

Village, redoute ruinée
Ruines
Coton
Rochers 3000
Cultures
V. o. C.
Argile
Cimetière
Damghan, ruines
Terrain ravinés
1300, Goushah, bar 660, 18 Janv.
C. et maison de poste
Co
Cultures, villages
Cultures
Cimes
rocheuses, 2500
pierres
1300, Deh-moullah, bar 662, 17 Janv.
Inclinaison insensible vers le sud
Source Aoux-mila, halte pour les caravanes
1300, Sharoud, bar 646, 16 Janv. cultures
Torrents
Caravansérail
Désert de pierres
900, Ma
3000
Dahaneh
Crêtes isolées

D É S E R T

Échelle $= \frac{1}{750.000^e}$

0   10   20   30   40   50 kilomètres

Pente pierreuse
Pont Dahaneh-i-xeila
3000, Massif isolé
Vallée désertée, largeur 20 m.
1100
1050
Plateau   de 1000 m.
1200
1050, Miandast, village fortifié, bar 660, 15 Janv.
(Contreforts de l'Elbroux
coteaux rocheux)
Dahaneh-al-hak
Abbas-abad
Poul-i-abichoum (Pont de Soie)
Chismeh-y-gex, fontaine des Tamaris, fort abandonné
Fort Sadrabad, abandonné
Massif isolé, 1200
14 Janv, bar 702, Mazinan
V.
Pierreux
Pierres
ancien C.
Elbroux
Steppe
V.
Culture
Co
Mehr
Village
Pierreuses
Coteaux rocheux
Steppe
D é s e r t

N.

Kichlak
ravinés
Aradan
V.
Cultures
20 Janv, bar 708, Deh-nemek
Pentes ravinées
3000
Lasgird
Faubourgs, 19 Janv, bar 680, Sennan
bazar, cimetières, jardins de
Sourkan, 1900
M. de p. et G. Abenan
Passe pierreuse
1600
1500
1200
1000
1700
Maison de thé, 1600
Fort ruiné
Goushah, 13

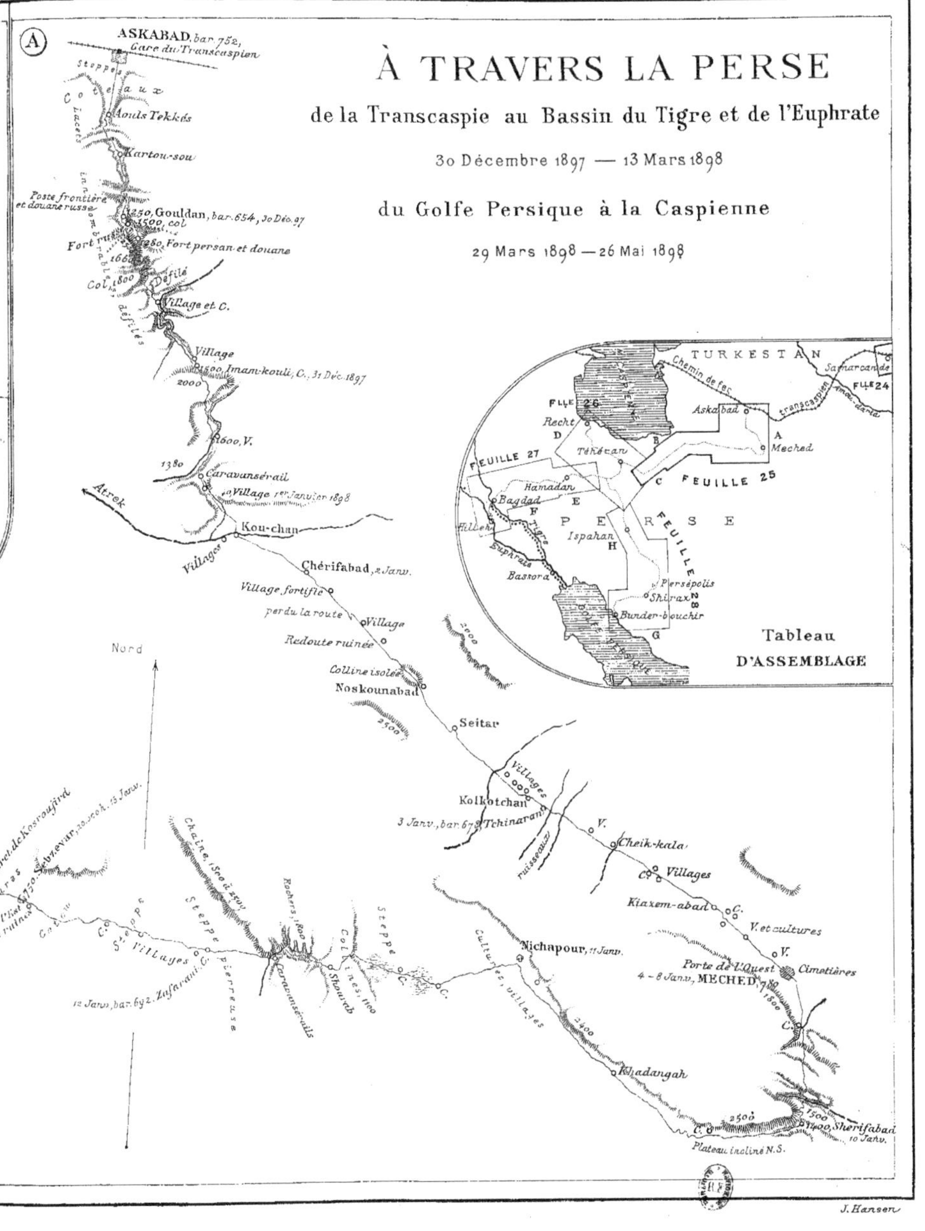
A
ASKABAD, bar. 752,
Gare du Transcaspien
Steppes
Coteaux
Aouls Tekkés
Kartou-sou
Poste frontière
et douane russe
1250, Gouldan, bar. 654, 30 Déc. 97
1500, col
Fort russe
1280, Fort persan et douane
1660
Col. 1800 Défilé
Village et C.
Village
1500, Imam-kouli, C., 31 Déc. 1897
2000
1600, V.
1380
Caravansérail
Village 1er Janvier 1898
Atrek
Kou-chan
Villages
Chérifabad, 2 Janv.
Village fortifié
perdu la route
Village
Redoute ruinée
Colline isolée
Noskounabad
Nord
Seitar
Villages
Kolkotchan
3 Janv., bar. 675, Tchinaran
ruisseau
V.
Cheik-kala
Villages
C°
Kiaxem-abad
C.
V. et cultures
Nichapour, 11 Janv.
V.
Porte de l'Ouest
4 - 8 Janv., MECHED, 1800
Cimetières
guard. de Kosroujird
Sebzevar, 20 - 22 Janv.
l'Îlot
Col
Ch. Villages
Chaîne, 1500 à 2500
Steppe pierreuse
Rochers, 1800
Col. 1100
Steppe
Cultures, villages
12 Janv., bar. 692, Zafarani
Colines, 1100
Chaouzb
Cardamsérail
Cultures, villages
2400
C.
2500
Khadangah
2500
B. 1400, Sherifabad
10 Janv.
Plateau incliné N.S.

À TRAVERS LA PERSE
de la Transcaspie au Bassin du Tigre et de l'Euphrate
30 Décembre 1897 — 13 Mars 1898
du Golfe Persique à la Caspienne
29 Mars 1898 — 26 Mai 1898

TURKESTAN
Samarcande
Chemin de fer
F^{lle} 24
F^{lle} 26
Recht
Askabad
transcaspien
A
Meched
FEUILLE 27
Téhéran
C FEUILLE 25
Hamadan
Bagdad
E
FEUILLE
PERSE
Tigre
Ispahan
H
Euphrate
Bassora
Persépolis
Shiraz
28
Bunder-bouchir
G

Tableau
D'ASSEMBLAGE

J. Hansen

Nord
Doucham-beg-bazar
26 Mai
Riz et Fes, bois
Koudhoum
RECHT
Kizil-Ouzen
Hauteurs boisées
5 Mai
Rustem-abad
Roud-bar
Menji
Arête, 3000
Harzan
Pai-chenar, 400
24 Mai, m.d.p.
Crête, 3000
3500 Aga-baba
Hussein-abad
KASVIN, 23 Mai
Cultures
Guénen-deh
Kishlak, m.d.p.
Cultures
Timuk
Légende
R...r. Rivière, ruisseau
T. Torrent
4000 Altitudes en mètres
m.d.t. Maison de thé
m.d.p. Maison de poste
V. Village
C. Caravansérail
Oasis Oual-ma
1100
2000
17 Févr, bar, 684, Sa-we, oasis
Croupes sableuses et pierreuses
de 1600
Ligne télégraphique vers Rabat-kérim et Téhéran
Ville fortifiée
Ker-tu-ni-ye
Village
Karyabad
Chaîne de
3500
Haute vallée très ravinée
Oasis, Village fortifié
1800
m.d.t. 1800
1860
1900
1750
18 Févr, bar, 628, Nousin
Village
1050
3000
bar, 623, Malekarabi,
19 Févr, 1880
2000
Échelle = 1/750.000e
0   10   20   30   40   50
kilomètres

D

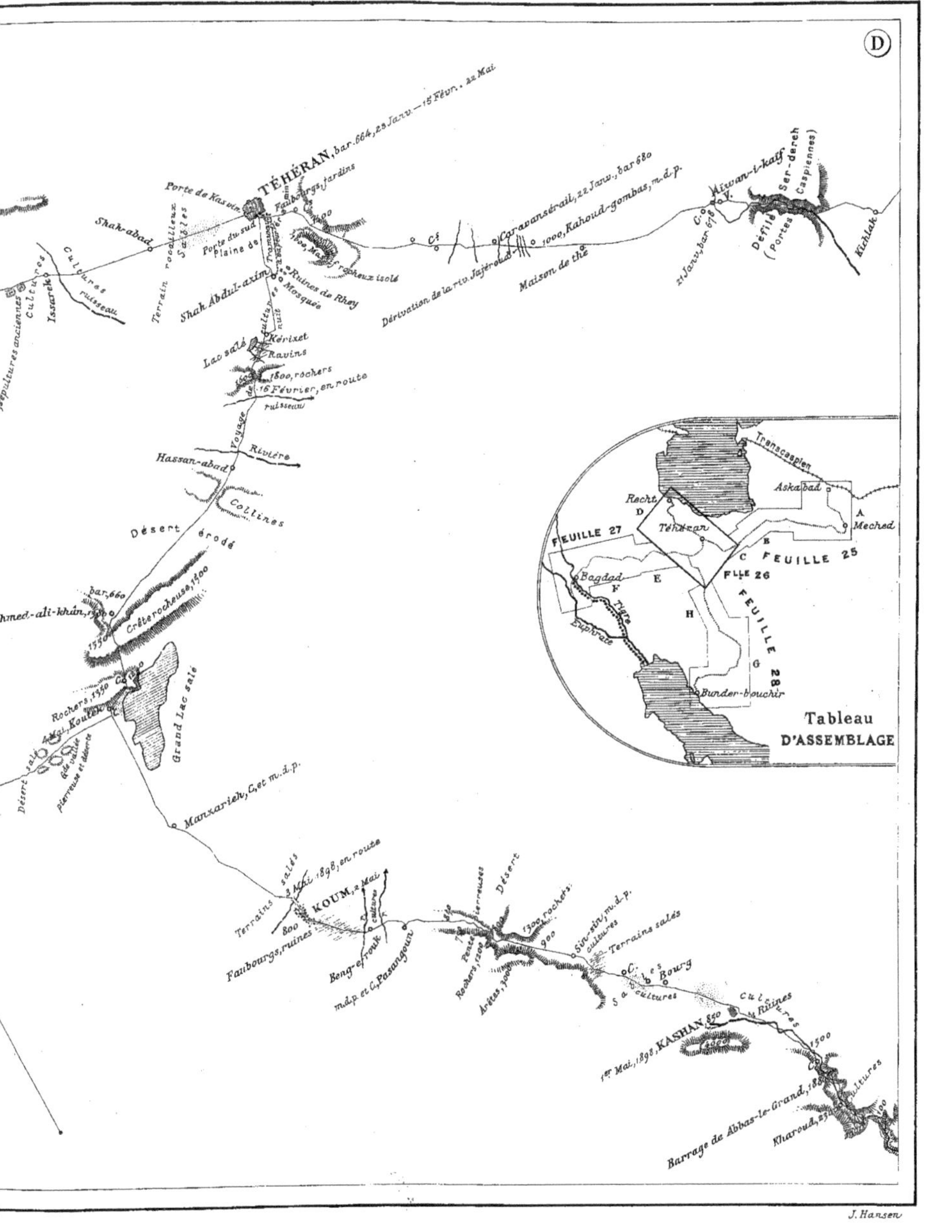

Tableau
D'ASSEMBLAGE

ITINÉRAIRES EN ASIE par Marcel Monnier; 30 Décembre 1897 – 26 Mai 1898

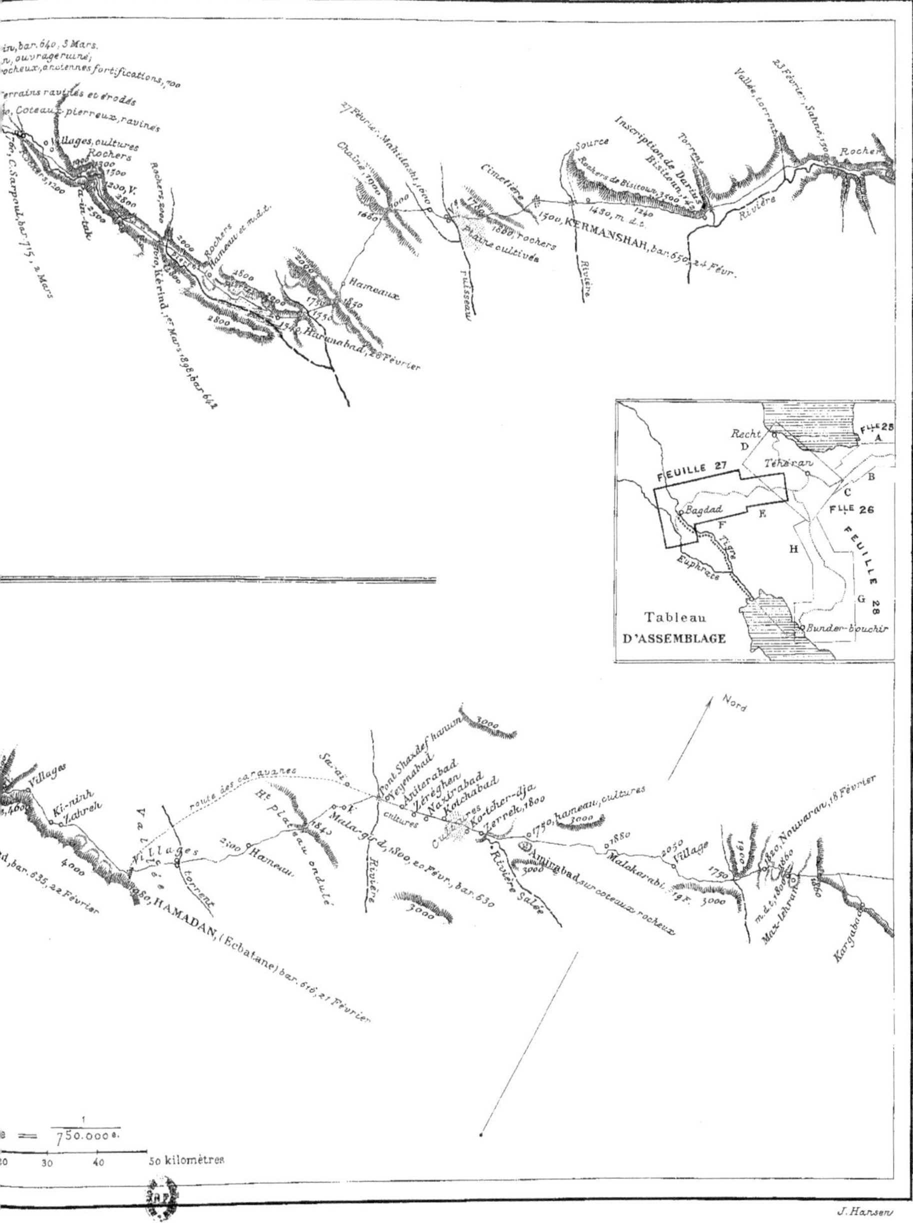

in, bar. 640, 3 Mars.
n, ouvrage ruiné;
rocheux, anciennes fortifications, 700
terrains ravinés et érodés
Coteaux pierreux, ravines
Villages, cultures
Rochers
Rochers, cimes
Chaîne
Hameau et m.d.t.
Kerind, 1er Mars, 1906, bar. 642
Harunabad, 28 Février
Hameaux
27 Févr., Mahidasht, 1260
Chaîne, 1600
Plaine cultivée
Cimetière
Rochers de Bisitoun, 3500
Source
Inscription de Darius
Bisitoun
Torrent
Rivière
KERMANSHAH, bar. 650, 24 Févr.
Vallée, torrent, Sahne, 1300
23 Février
Rochers
C. Sarpoul, bar. 715, 2 Mars

Tableau D'ASSEMBLAGE
Recht
Téhéran
FEUILLE 27
FEUILLE 25
A
B
C
D
Bagdad
E
F
FEUILLE 26
G
H
Euphrate
Bunder-bouchir
FEUILLE 28

Nord
Villages
Ki-ninh
Zahreh
Villages
bar. 635, 22 Février
HAMADAN, (Ecbatane) bar. 616, 21 Février
Ht Plateau ondulé
Hameau
torrent
route des caravanes
Sa-a
Pont Shaxdef hanum, 3000
Veynabad
Anitarabad
Zétreghan
Nazirabad
Kotchabad
Ko-tcher-dja
Zerrek, 1800
Mala-gird, 1800, 20 Févr., bar. 630
cultures
Rivière
Rivière Salée
Amirabad, sur coteaux rocheux, 19 F.
hameau, cultures
Malakarabi
Village
Nouwaran, 18 Février
Max. lehrab
Kargabad

1
750.000e.
30   40   50 kilomètres

J. Hansen

ITINÉRAIRES EN ASIE par Marcel Monnier, 30 Décembre 1897 – 26 Mai 1898

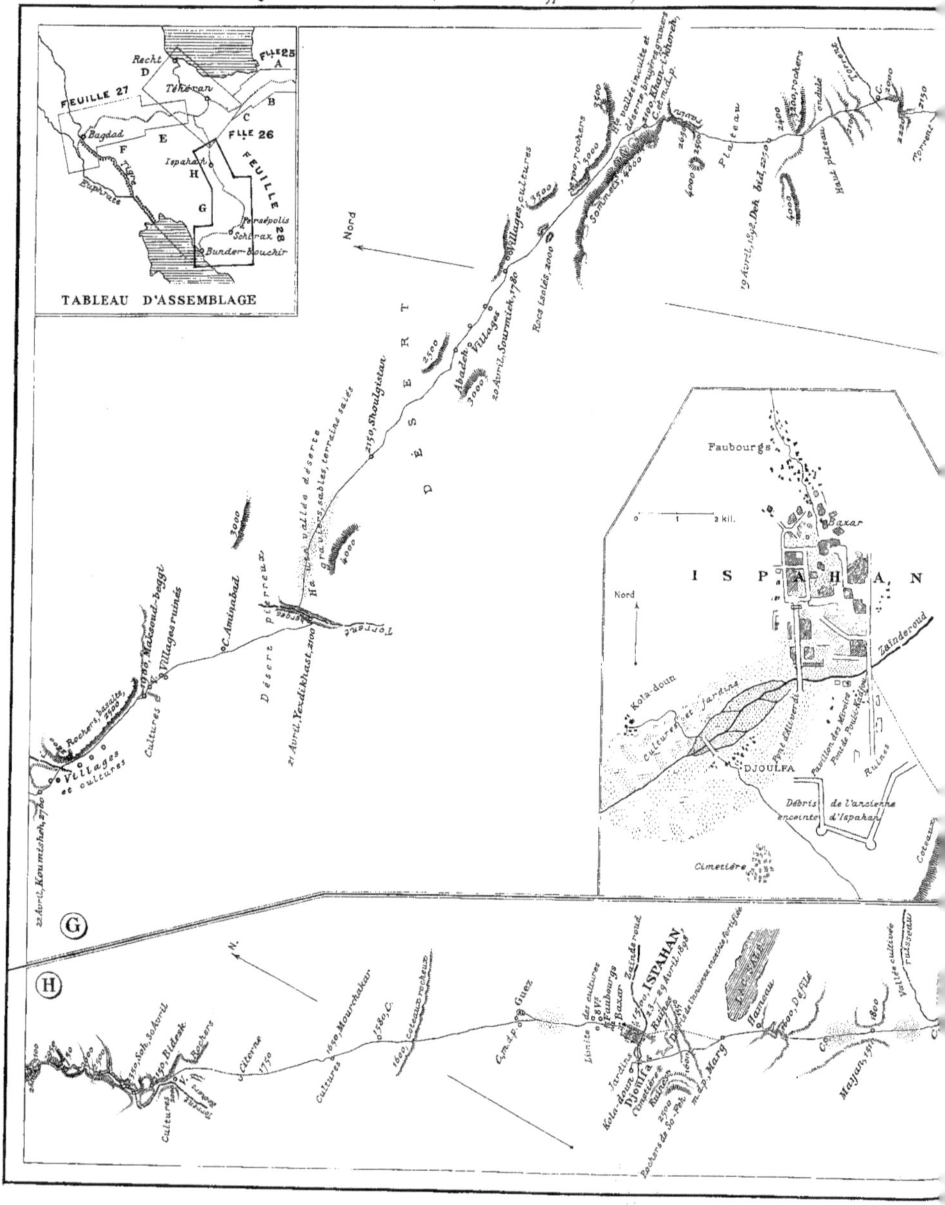

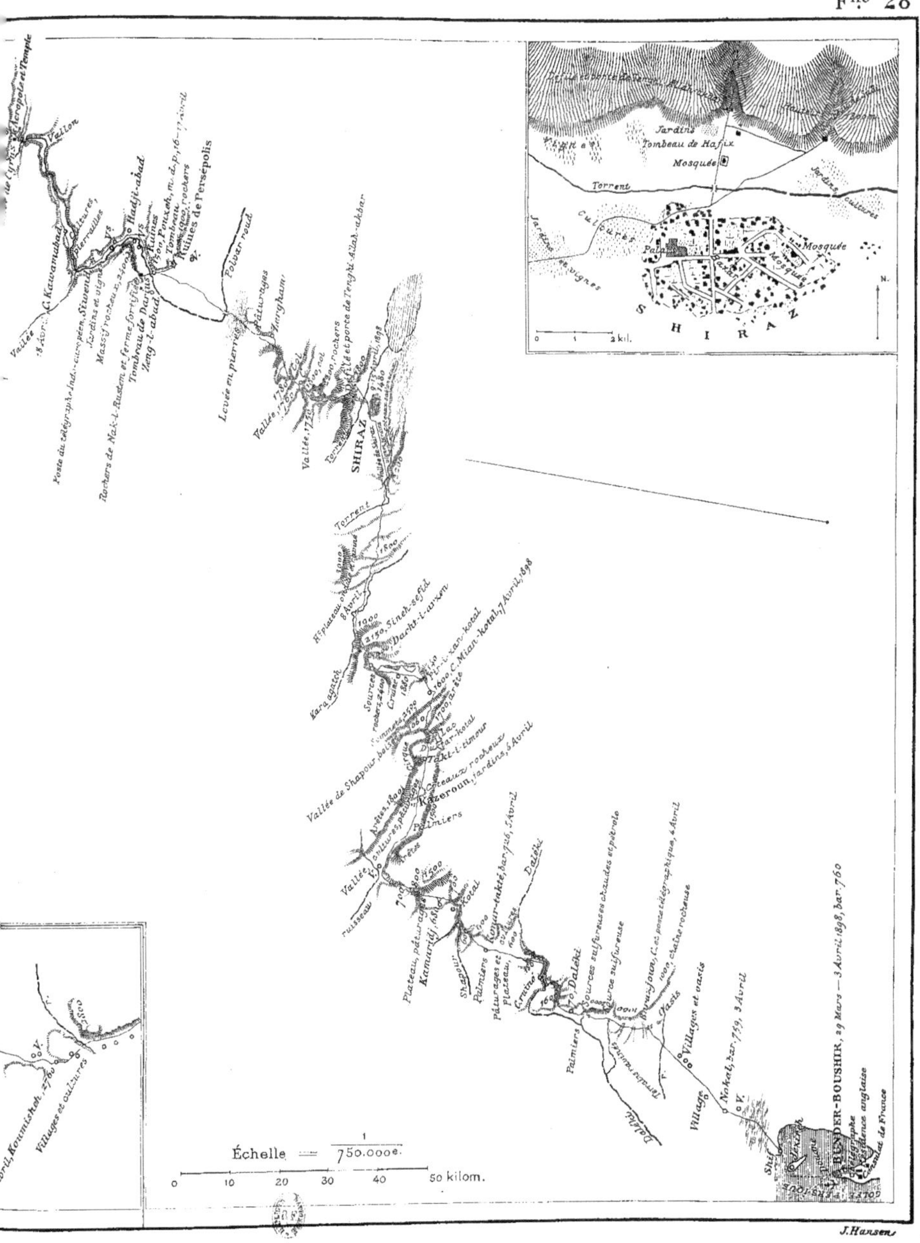
SHIRAZ
Jardins
Tombeau de Hafix
Mosquée
Torrent
Palais
Mosquée
Mosquée
N
0 1 2 kil.
Vallon
Tombeau et Temple
Vallée, 8 Avril
C. Kawamabad
Hadji-abad
Jardins et vigne
Massif rocheux, 2.300
Tombeau de pasgus
Prison Penveh, m. de P. 16-17 Avril
Yeng-i-abad
Ruines de Persépolis
Poste du télégraphe, ind.-européen, Stuevens
Rochers de Nak-i-Rustem et ferme fortifiée
Polvar-roud
Levée en pierres
pâturages
Hurgham
Vallée, 1730
Torrent, 1600, rochers
Vallée et porte de Tengi-Alab-akbar
SHIRAZ
Torrent
1800
Hr plateau rocheux, 8 Avril
1900
Karagatch
2150, Sineh-sefid
Dasht-i-arxen
Sources, 2500
Sommets, 2550
Pri-i-xan-kotal
C. Mian-kotal, 7 Avril 1898
Grotte, 1660
1600, 780
1700, 850
1080
Vallée de Shapour
Dakht-i-timour
Coteaux rocheux, 6 Avril
Kazeroun, jardins, 6 Avril
Palmiers
Vallée
1700
1900
1800
Plateau pâturage
Kamaridj, 650
Palmiers
pâturages et plateau
Graine
Shapour
Daleki
Dalaki
Kamir-takké, bar 736, 5 Avril
Sources sulfureuses blanches et pétrole
Source sulfureuse
Bapti-Jonas (C. et ponts télégraphique, 4 Avril
non chaîne rocheuse
Oasis
Villages et oasis
Village
Nakalt, bar 739, 3 Avril
Borasdjoun, 29 Mars — 3 Avril 1898, bar 760
Shi
BENDER-BOUSHIR
Résidence anglaise
Consulat de France
1700-1814
Echelle 1/750.000e
0 10 20 30 40 50 kilom.
Villages et cultures
Koumisheh, 1760